50過ぎたら、家事はわり算、知恵はかけ算

—美しく生きるための人生のかくし味—

沖　幸子

祥伝社黄金文庫

本書は、祥伝社黄金文庫のために書下ろされました。

プロローグ

朝目覚めたとき、そのまま大きく手足を伸ばし、「ありがとう」と声を出す。

最近になって始めた朝いちばんの習慣です。

いつものように目が開き「ありがとう」、今日1日明るく元気に過ごすことができますよう「ありがとう」。

感謝の気持ちの〝先行投資〟のつもりです。


〝朝起きてすぐ、いちばん大切なことを考えると、その日の行動に良い変化をもたらす〟とある本で読み、ならば、「ありがとう」の感謝の先取りは、衰えつつある脳を活性化し、気持ちを高め、やる気を起こしてくれると期待しているのです。

こうして何気なく始めた朝の〝感謝の先取り〟の習慣。

たしかに、自分の中で少しずつ良い変化が起こっているような気がします。

朝いちばんの「ありがとう」の声で、何でもない平凡な日々をあらためて意識し、これからの限られた貴重な時間を大切にていねいに過ごそうと、あらためて思い始めたのですから。

体力は年相応に衰えても、若い気力は誰にも負けたくありません。

そのため、心も身体も健康で明るく楽しく過ごせる生活環境を自分で整えておくことも大切です。

もし、家事を今までは雑に無計画にこなしていたなら、ここで一度〝リニューアル〟し、生活の質や内容は変えず、方法や労力の〝わり算〟、つまり家事のダウンサイジングをやってみることです。

どうすれば労力も時間もお金もかけないで、心豊かな暮らしができるかの知恵を絞ってみることです。

快適で幸せな人生を手に入れるため、すべき家事は手を抜くのではなく、時間や労力はどんどん〝わり算〟し、これまでの経験のつまった暮らしの知恵はアメーバのように幅広く〝かけ算〟し、ますます活かしていく。

年を重ねても、気力溢《あふ》れる健康で豊かな人生を送るために。
暮らしの上手な〝わり算〟、知恵の豊かな〝かけ算〟が、これからの人生を明るく充実させる上手な生き方暮らし方の上等な〝かくし味〟となりますように。

沖《おき》 幸子《さちこ》

目次

2

少しの手間で上手に片付ける

――暮らしのルールの見直し

3

品性を身につける

——教養は、言葉、仕草、身だしなみに現れる

4

心軽やかに生きるために

——感情の手放し方、受け取り方

5

限りある人生を謳歌《おうか》するために

―― 自らの「からだ」と向き合う

写真　半田広徳
スタイリング　沖幸子
デザイン　五十嵐久美恵 pond inc.

玄関ホール

いつも新鮮な風を感じる玄関は、清潔感溢れ、心も身体も癒されます。生花を絶やさずに心がけて。わが家の玄関は、ユリかカサブランカと決めています

リビング

好きな家具や思い出の品々に囲まれて、本を読んだり、音楽やワインを楽しんだり。心からリラックスできる空間は、豊かな人生にはとても大切です。鏡を置くことで部屋を広く見せる効果があります

リビング

(P20) リビングにももちろん、生花を欠かさずに (P21) 左上・リビングの延長線上にあるパティオでときには朝食をいただきます／右上・窓際のデスクでは書き物をします／左下・お花に加え、お香の香りでお客様をお迎えしています／右下・目立たない所に、いつでも拭けるようにタオルを潜ませています

長く、大切に

思い出の品々を、ていねいに手入れをして使います。気に入った使いやすいものは大切な暮らしのパートナーです（P22）何度洗っても新品のように使える綿100%のテーブルクロス

(P23) 上・健康は足元から。身体にあった履きやすい靴をお手入れして大事に履いています／下・ドイツから持ち帰ってきたオークのダイニングテーブル。安価でしたがわが家にいちばん馴染んでいます

浴室

いつも清潔なバスルームは、身体や心を明るく健康的にしてくれます。汚れを溜めない、換気を十分に。水回りをきれいに保つ基本です

1

心穏やかに、豊かに暮らす

――家との付き合い方を考える

年を重ねるほど、日々の暮らしの
合理的な工夫や知恵が大切になります。
これまでのやり方を、質を変えずに
効率的に〝わり算〟してみる。
少しやり方を変えると、新しい発見も生まれ、
毎日の暮らしにメリハリができ、
脳の活性化にもつながります。

自分らしい生き方スタイル

ドイツでは、〝住まいは人を表す〟と言われます。

そのせいか、ドイツ人は、自分の家はもちろん、隣人の家の周りや窓辺、庭やバルコニーに至るまで厳しく目を光らせています。

恥ずかしいことに、私もドイツに住んでいた頃、大家さんに「窓ガラスが汚れて汚い」と注意をされたことがある。

ただ、これがきっかけになり、帰国後、そうじサービス会社を始めたので、何が人生の転機になるかわかりませんね。

隣人の庭や窓辺にはうるさいドイツ人でも、部屋の中のインテリアや家具、道具など他人が持っているものには無関心。

それぞれのライフスタイルがきちんと決まっているので、他人の持ち物を欲しがったり、うらやんだりしない。

なるほど、隣人が大型テレビや新車を買ったからといっても、自分の生活スタイルは決まっているので、不必要なものは自分とは関係がない、のです。

ただ、自分の目に触れる庭や窓辺、バルコニーなどは周りの環境を悪くするし不快なので、きれいにしてほしいというわけ。

100人いれば、100人の生き方、暮らし方があり、自分らしく心地よく過ごすための答えは、いつも〝外の隣人〟にあるのではなく、〝自分の中〟にある。

だから、私は、いつも心の中で、「自分はどうしたいのか」、「どう考えるのか」を問いかけることにしています。

この習慣は、今もこれからも、自分らしい生き方スタイルを見つけるきっかけになるはずだから。

もっと自由な時間を手に入れるために！

「家の中が片付かない」「いつも部屋が汚れている」「時間も気力もない」「家族やパートナーがだらしない」などなど。

これまで、汚れてごちゃごちゃになった部屋を、他人のせいにして嘆くのが口癖のようになっていたとしたら……。

すこし立ち止まって、よく考えてみませんか。

実は、それは、誰のせいでもない、自分自身の責任なのです。

人生の後半になって、こんな基本的な（！）ことに、初めて気付くことはよくあることですが、〝時すでに遅し〟とあきらめることはありません。

人生には、どんなことも遅すぎることはないのですから。

いつでもその気になれば自分のやり方を改め、変えることができます。

私も、悲しいかな、ほんとうに大切なことがわかるようになるまでには、ずいぶん時間がかかり、年を重ねた今も、見えなかった大切なことに初めてハッと気付くことがよくあります。

すべてにおいてまだまだ達観するまでには至らず、人はいくつになっても発展途上の日々を歩いているのでしょう。そんな気がします。

いつまでも若いときの嘆きや行動のだらしなさを引きずっていることこそ問題で、それが後半の人生を重く暗くすることに、早く気が付いた人が〝勝利の美酒〟を手に入れることができるのです。

自分を変えたいなら、ここで一度、すべて断ち切って、暮らしの行動パターンを考えなおす必要があります。

私の経験からも、小さくてささいな発想の転換で、自由な時間が増え、50代からの大切な人生が自由で明るい日々になります。

やりたいことができるワクワク感で、年甲斐《がい》もなく（！）心も身体も思いきり〝ホップ・ステップ・ジャンプ〟する気分です。

週3日だけのそうじの習慣

私の40代は、仕事や家事で疲れ切っていました。きれいにしたい気持ちに反して部屋は汚れ放題、1日の終わりに小さなマンションの部屋にたどり着くと、よれよれの身体から仕事の疲れがどっと流れ出てくる日々。

「こんな生活は何とかしたい」

そこで、週3日、15分だけそうじするスケジュールを組み、残り4日は休みにしてしまいました。

それまでだらだらしていた家事やそうじに向ける気持ちも体力も〝キッパリさっぱり〟と半分に減らしてしまったのです。

やるべき場所はやるのですから、〝引き算〟ではなく、家事時間の〝わり算〟です。

すっかり身についたこの習慣は、年を重ね、気力も労力も少し減った今、15分のそうじ時間が、さらにその3分の2の10分に短縮されたのです。それでも、内容も場所も変わらず、きれいに片付いた美的空間状態を維持でき、心もなんとなくさわやかで充実しています。もちろん、体力も時間も要らないですし。

効率よく家事ができると、仕事であれ、趣味であれ、遊びであれ、好きなことをする時間が増えることも実感しています。

さらに、いったんこの習慣が身につけば、(老いてますます?)これまで隠れていた(!)生活の知恵がむくむくと脳細胞を刺激し、気持ちが働き、手が動くようになるのも意外な発見です。

「疲れたな」と思ったときは、5分で掃除機をかけるのをやめてしまいますし、よく使う場所を念入りに、見えない場所は、そうじの時間や回数を割り引いたりするなど、計画的な思考をするようになります。

やはり、〝快適な住足りて〟こそ、心や身体の健康が維持でき、しかも増えた自由な時間で、〝あれもこれもやりたい病〟満載で、頭がボケる暇がありません。

最高に落ち着く場所は、わが家！

たえず、旅行や買い物、食事などと称し、外にばかり出かけている古くからの知り合いがいます。

マンションの部屋にはほとんどいない。

その理由は、いつも家の中がもので溢れ、ごちゃごちゃ片付かない、さらに汚れが散乱しているから、と。

実は、彼女はかなりのきれい好きなのですが、パートナーが「だらしない」、「ケチでものをため込む」らしい。

マンションの玄関から続く狭い床には、古い新聞紙の束や衣類の入った段ボール箱などがリビングや寝室まで延々と行列しているらしい。

〝らしい〟と言うのは、「とても見せられない」と彼女の部屋に招待されたことがないから。

彼女に言わせると、旦那さんは、いわゆる、〝捨てられない男〟。

あるとき、「もの同様、女房も簡単に捨てる男でないからいいかも……」と言ったら、「冗談じゃないわよ！」と、彼女のキツイ言葉が返ってきました。

たしかに。いつもきちんと整理整頓するのが好きな彼女の身になると毎日がイライラの連続かもしれない。

だからといって「はい、さよなら」と、簡単に別れられないところが夫婦の摩訶《まか》不思議な関係。

「今さら、独りで頑張るのもしんどいし……」と彼女。

彼女なりの経済的打算や旦那さんのいいところもあるのでしょう。

ある日、突然電話があり、「家事のプロのあなただったらなんとかできるでしょう」と、〝捨てない〟旦那さんに意見をしてほしいと言います。

どうも長年の堪忍袋の緒《お》がついに切れたらしい。

いくら私がその道のプロでも、頑固で凝り固まった初老のおじさんを説得できるほどの確信も自信もない。ましてや本人にその気がなければどうしようもない。

夫婦喧嘩《げんか》は犬も食わないというし、君子《くんし》危うきに近寄らず、です。

「将来の家計収入の激減と生活時間の増加を考え、夫婦で過ごす〝家時間〟を心から話し合ってみては?」と私は伝えました。

夫婦といえども所詮《しょせん》は他人同士。住まいやものに対する価値観の違いは、相手の心に与える影響が大きく、根が深いのでこじれると厄介《やっかい》。

ここは、じっくりと腹を割った話し合いでお互い歩み寄らなければ解決しない。

それでだめなら、別れるか、どちらかが折れて我慢するか。

間もなく夫婦そろって定年を迎える彼女たち夫婦。

「家にいる時間が増え、ゴミ溜め(!)のような部屋を一日中眺めて暮らすなんて、とてもじゃないけど」と彼女の悩みは深刻です。

家がきちんと片付いて、物事がすべてコントロールできているときこそ、家事の悩みから解放され、心地いい空間が存在する。

外に出かけても、居心地のいい部屋に早く帰りたくなるし、仕事や旅行の疲れも、帰宅したとたんホッと癒《いや》される。

なによりも、手作りの料理や家で過ごす時間が快適ならば、余分な家計支出は半減し、家族の会話も増え、心もほのぼのと温かくなります。

ただ残念ながら、「散らかっている方が落ち着く」と頑固に言い張る中高年につける薬は今のところ見つかりません。

少しの手間で生活が変わる！

これもあれもやらなくては！

こんな考えはできるだけ早く捨てましょう。

老年は体力も気力も限りがありますから。

しかし、若いときはやらなくてもよかったものが、年を重ねると必要になってくることがあります。

仕事オンリーで、夜はただ寝に帰るだけのライフスタイルのときは、少々乱雑で汚れた部屋でも気になりません。

ところが、年を重ねて仕事も体力も少なくなり家にいる時間が長くなると、これまで気づかなかった部屋の汚れや乱れが急に気になり始める。

汚れた空間は、心身をいつのまにか負の方向へと蝕《むしば》んでしまいます。

いざ、「きれいにしたい！」とやみくもに動き始めてもなかなかスッキリしない。

かえって「ああ、しんど」と途中下車、何もかも未完成交響曲になり、張り付いた頑固な汚れにイライラが募り、ストレスが溜まって心身が疲弊してしまうのです。

そうならないためには——。

これまで家事にかけていた時間も体力も2分の1くらいにし、自分に合った、自分のためになるようなきちんとした家事習慣を身につけることです。

そうすれば、家事へのイライラも2分の1以下になります。

まず、肩の力を抜いて、楽しく暮らす自分を想像してみてください。

やることは、やる場所は同じでも、内容や方法を上手に〝わり算〟し、効率的で楽しい知恵を〝かけ算〟し、膨らましていくのです。

この手間こそ、「ああ年甲斐がある！」と心から実感できるはず。

いつもきれいな家はありません

気がつけば、そうじの事業を始めて29年です。

そうじの嫌いな私がよくこんなに長く、飽きもせず、続いていることやら。

我ながら感心してしまいます。

よほど執念深いのか、他にやることがなかったのか、とにかく今日まで何とか辞めずに生きているのですから。

この仕事を続け、良かったのか悪かったのか、いまだに迷い橋のたもとに立つことがありますが。

煩悩《ぼんのう》多き身には、人生の終わりを迎えても「これでいい！」と明確な結論が出ないような気もするし。

でも、今、はっきり言えることはあります。

嫌いなそうじが好きにはならないけれど、上手になったこと。

覚え知った合理的な家事の知恵は楽しく心地よい暮らしを提供してくれること。

そして、〝いつもきれいな家は存在しないこと〟などがわかったこと。

仕事がら、これらを他の人よりも少し多く体験できたおかげで、幸せな老後の生活の〝貴重な備え〟になっているような気がします。

人より少し（！）そうじが上手ですから（いちおうプロ）、時間や労力をかけず、きれいに見せるコツや技術を持っています。

だから、他人が見て「まあ、きれい！」と言ってもらえるのです。

家事の知恵や工夫を生業《なりわい》にして暮らしてきたので、それらの豊富な知識をいくらでも膨らませる知恵の貯金があり、それらを使って得られる楽しみや喜びも知っている。

なによりも、人が暮らす限り、いつもきれいな家はないとわかっているので、瞬間的に汚れても焦《あせ》らずイライラせず、短時間で元通りきれいにする習慣を身につけている。

どんな場所でも、美術館や水族館でもそうじが必要です。

このような当たり前のことがわからず、きれいな場所に住みたい気持ちだけで、手間も知恵もかけようとしないから、心が右往左往し、ざわつくのです。

家事はセンス

何十年も主婦をやっていた人が、いきなり外へ出て働き始める。

その仕事ぶりを見ていると、これまでどのように〝家で家事をやりくり〟していたかがよくわかります。

家事に工夫をあれこれ凝《こ》らしてやってきた人は、仕事のセンスも抜群です。

日ごろからものを大切に暮らしてきた人は、職場でも鉛筆やメモ用紙1枚もムダにしません。

長年身につけたよき習慣は、仕事場でも発揮され、日ごろの誠実で合理的な暮らしぶりは、仕事の姿勢にも表れます。

ただ、家でひとり、孤軍奮闘してきたせいか、自己中心になりがちで、周りの人の評価や組織のことを学ぶ姿勢が少しあれば完璧です。

もちろん、必要以上に他人を気にする必要はありませんが。

家事は自己満足的にただやればいいというものでもありません。その成果を客観的な〝他人目線〟で意識することも大切です。

つまり、仕事も家事も同じ人間がやるのですから、場所の違いや他人の介入のあるなしはあっても、同一線上にあるのです。

好き嫌いは別にし、家事は暮らしを豊かにするための手段だと割り切り、小さなことでも関心や工夫を凝らす努力も必要です。

私は、他人の家の素敵な食卓やインテリアで気になるアイディアがあれば、自宅でもそのままそっくりではなく自分で好みのアレンジを加えて楽しみます。

他人さまの暮らしの良い知恵は自分流にアレンジし、積極的に取り込んでしまうのが大好きなのです。

この癖は、一種の暮らしのセンスを磨くのに役立ち、周りへの関心につながり、自分本位の家事から一歩外に目を向けるきっかけにもなります。

人生で最高の瞬間とは!

人によっていろいろですが、私の場合、〝最高の瞬間〟と心から思えるのは——。毎日の何でもない暮らしが自分でうまくコントロールできていると感じたとき。

すぐ手配したおかげで、急に動かなくなったエアコンの修理が待たされることなくスムーズに解決したり、取れた洋服のボタンや壊れた道具はすぐ直しておくので必要なときになっていざあわてることがなかったり。

家のそうじや買い物、整理整頓が予定通りうまくはかどり、部屋は清潔で心地よく、日ごろの家事の悩みからは解放されている。

外から他人や家族にものを頼んでも、どこに何があるかをいつでも的確に〝指示〟でき、頼んだ方も頼まれた方も「どこ、どこにあるの？」とイライラ感を持たずにすむ。

それは家の中が清潔に保たれ、どこに何があるかが想像できるくらい整理整頓されているから。

そのための環境づくりの家事は、労力も気力も時間もかけずに日常的に効率よくパターン化されている。

そんな状態なら、何の憂いもなく、仕事や執筆、遊びや旅行に没頭できます。

もちろん、身体の調子が良くないときも。

そんなときは、不思議なもの。家族も含め対人関係もぎくしゃくせず安定し、毎日が平和に心地よくリズミカルに流れていきます。

整理魔でもそうじ魔でもなく、適度に効率的な自分のやり方で、自分のために楽しんでいる。

無理のない上手な暮らしの〝わり算〟は、自分の大切な人生の日々をさらに快適にするためのものだと思っています。

暮らし上手

前述のように、暮らし上手な人は、オフィスでの仕事ぶりにも工夫や知恵を働かせたりできそうです。

ただ、逆は必ずしも真ならず。バリバリと仕事ができるからと言っても、自分の暮らしに関心を持たなければ、そこには何も生まれません。

仕事上手よりは、暮らし上手の方が、人生の日々の幸せには貢献できそうです。暮らしで生まれる知恵や工夫は、生き方に直接つながっているから。

知人の50代のバリバリのキャリアウーマンの生活ぶりには今でも思い出すたび深いた

め息が出ます。

数年前、レストランでの食事のあと、「お茶どうぞ」と彼女のマンションに立ち寄り、その部屋の惨状をみてびっくり、驚いた。

仕事で忙しいと言っても、トイレで読んだ朝刊がそのまま床に転がっているし、汚れた食器が何日分も流しに積み上げてある。

独り暮らしの高級マンションの廊下に段ボールが積み上げられ、歩くのもカニのような姿勢が必要です。

まるで戦場のように手のつけようがないほど乱れた部屋。

「ドイツで出会ったキャリアウーマンたちの部屋は、よく時間があるなと思うくらい、いつもきれいで片付いていたのに……。この惨状はなんだろう」

この私（そうじ会社の社長）に（！）部屋を平然と見せる彼女の大らかさと無神経さには脱帽しましたが、〝なんとかしたらー!?〟と心の中で叫んでしまったのです。

部屋の汚れや乱雑さは、「仕事が忙しいから」が理由にはなりません。

暮らしを快適にすることに関心がないから、です。

良い仕事ができるのは、ふだんの暮らしがきちんと整っているからこそ。
仕事も暮らしもバランスがとれて初めて、充実した人生を送れるような気がする。
彼女の場合、まず〝使ったら、もとに戻す〟の習慣から始めたらいいでしょう。
老後のため、今から仕事力同様、生活力も必要かもしれない。

ていねいに工夫を重ね、毎日上手に暮らしている人は、家事のある部分を単純化する生活術を身につけている。
年を重ね、心や身体に衰えを自覚するようになったとき、仕事力よりこれまで培《つちか》った生活力が人生には役に立つのです。

考えてから動く

これまでは、私はどちらかというと〝考えながら動く〟タイプでした。

どちらに転ぶかわからないそうじのベンチャービジネスを始めたものの、毎日が自分や社会との闘いの日々。

立ち止まることも許されず、右か左か、どうするかを決断しながら前へ進んでいかなければならない日々の連続。

頭で考えてから身体を動かそう、なんて悠長《ゆうちょう》なことは許されないほど日々新しいことばかり。

ビジネスの世界では、「考え、計画を立てるのは大事。でも、そのために立ち止まっていれば、仕事が終わってしまう」と、未熟な私はいつも何かに背中を急《せ》き立てられていたのです。

先人のつくった道すらない、「そうじ」というベンチャービジネスに戸惑い、「何とかしたい」と焦っていたのかもしれません。

行動心理学の専門家によると、考える前に身体を動かしても、本来できる仕事の50％くらいしか達成できないそうです。

たしかに、パンやお菓子をつくるとき、あらかじめ、使った道具をすぐ洗えるようにシンクにお湯を張っておくと、汚れも簡単に取れ、とても効率的。

それがわかっていながら、準備もそこそこ、すぐ料理に取りかかり、その結果、汚れた道具で混乱したキッチンに気づき後悔することがありませんか。

〝急《せ》いてはことを仕損じる〟のです。

たった1分の事前の準備を惜しんだばかりに、かえって料理後、ムダな時間や労力が費《つい》やされ、後片付けのエネルギーで心身の疲れが倍増し、途方に暮れてしまうのです。

挙句、めんどうなパンやケーキづくりは「しばらく、やーめた」と。


慣れ親しんだ仕事や家事は、実は、何も考えないで惰性《だせい》や習慣でやっていることがほとんどです。

「なぜか」と考えることも理屈もなく、ただひとの真似《まね》や受け売りだったりがいつのまにか日々の生活習慣になっているのかもしれません。

母親がやっていたのを真似たキッチン仕事、実はその母親も彼女の母親の真似事かもしれない、ということもある。

年を重ねた今だからこそ、動く前にちょっと考えてみることも大切です。

マンネリ化を防いだり、新しい暮らしの知恵や工夫を発見できるかもしれません。

暮らしの知恵や工夫は、意外な時間や労力の〝わり算〟をもたらしてくれます。

1分から5分かけて考え計画し、準備する時間は、一見ムダに見えても、結果的には何時間もの労力の節約になるのです。

もちろん、家事に費やす時間や労力が短くなれば、身体はもちろん気持ちも風船のように軽くなるに違いありません。

ロシアの文豪ドストエフスキーも語っています。

〝人生の後半を決めるのは、むかし身につけた習慣〟。

今からでも遅くない。少しだけ考えて動けば、時間や労力を有効に使え、これまでのムダに費やしてきた人生を少しでも変えられます。

ただし、くれぐれも考え過ぎて億劫《おっくう》になり、動きが止まってしまわないように。

動作を意識してみる

どこの世界にも、同じ仕事なのに、さっさと手短かに上手にやってのける人がいます。

そうじや家事サービスの現場でも同じことや同じ場所を仕上げるのにも人によってかかる時間が違う。

これは、そうじのビジネスをスタートして経験した最大の壁であり、ビジネスの生死にかかわる大きな悩みでした。

家でやるそうじは、いくら時間がかかっても本人が疲れるだけ。きれいに仕上がらなくても誰からの文句もないのでかまいませんが、サービスとして提供するプロのそうじは違う。

限られた時間内でお客様に満足いただける〝きれい度〟を提供しなくてはクレームにつながってしまいます。

もちろん、会社は〝社会貢献型の企業〟と言いつつ、慈善事業でもボランティア団体でもなく、事務所の家賃も人件費もその他諸々をやりくりしなくてはなりません。適当に利益を生まなければやっていけない。


どうして効率的に上手に動ける人とそうでない人がいるのか。

誰もが同じように効率よく手際のいい仕事をやれるようにしたい。

そうじマニュアルをつくりながら悩み続けた日々でした。


効率的に動く人は動きを意識し（本人は無意識かもしれませんが）自分の身体の動きを考えながら効率的手順を工夫して作業をしているのです。

世の中は、動きを意識している人とそうでない人がいる。

気配りのできる人とそうでない人。

工夫をするのが好きな人と何も考えない人。

いろいろなタイプの人がいるのはわかるのですが、ビジネスとなると困ってしまう。

そこで。

出来上がったそうじのマニュアルの最初には、まず「いつも自分の動きを意識すること」と付け加えたのです。

自分の動作を意識すると、毎日の生活習慣にも変化が生まれます。

効率的に動けるよう、両手を使う大切さに目覚めます。

朝、歯磨きをしているときには、空いているもう一方の手で周りを拭《ふ》く。

階段の上り下りにゴミを拾い、手すりの汚れを拭く。

届いたばかりの宅配便の荷解きをしながら、包装紙や紐《ひも》を同時に捨てられるようまとめておく。

このように、日々の生活の中には、両手や知恵を使って効率的に動ける作業は探せば山ほどあります。

自分の行動を意識すれば、今までの2分の1以下の動作で同じ作業ができるのです。

もちろん、「きれいになった！」「うまくできた！」などの達成感や満足感も得られるはず。

ものは最初に使う場所にしまう

私の書いた本を読んだ、読者の方々からの質問も最近の楽しみのひとつです。

多くのメールやお便りの中には、「本の中のきれいな部屋の写真のどこを探してもそうじ道具が見つかりませんが……」という現実的な（！）質問が届くことがあります。

きっと、日々の暮らしのあれこれを想像しながら私の本を熱心に読んで（見つめて）くださっているのでしょう。


たしかに、部屋をきれいにするには道具が必要ですね。

私の場合、そのほとんどが手とタオルですが。

そのタオルの置き場所はあります。

すぐ手が届き使えるところ、たとえばキッチンなら食卓の椅子の脇に、流し台の隅には小さめのタオルが〝ひっそり〟と目につかないところに掛けてあります。

すべてのものは、〝最初に使う〟ところに置く。これが基本です。思いついたらすぐ使えるよう、最初に使うところ、あるいはその近くに置くこと。これこそ、家事嫌いでも〝そうじ上手、暮らし上手〟になるための極意。

このルールは、動き回る場所も回数も少ないので、すぐ作業ができ、労力も気力も余分なエネルギーがかからずにすみます。

さらに、一定の場所を使うので余分な片付けや汚れから解放されます。

ものを使う、しまうは、ひとつの動作で

年を重ねると、食べる量や料理の内容にも少しずつ変化が起こり、使う食器や調理器具の数や種類も少なく限られてきます。

とくにキッチン仕事は、これまで通りではなく、疲れないための、ムダな動作をしない工夫が重要になってきます。

私の場合、なにかを使ったり取り出したりするときは、必ず1回の連続動作でやることを意識しています。

キッチンに立って、冷蔵庫や戸棚を開け、ものを取り出し、調理する。できるだけひとつの連続した動作で流れるようにやります。

そのためにキッチンなどでよく使うものは、見えるところ、手が届きやすくワンタッチで取り出せる場所にしまっています。

お鍋やフライパンを取り出すとき、周りのものをどけたりする余分な時間や労力を使いたくないからです。

冷蔵庫内の食材も、よく使うものは手前にすぐ取り出せるように並べています。

手を伸ばせばそこにあり、そのまま使ったり、しまったりできる。

まるでひと昔前の男性がのぞむ（今でも？）理想の妻のように、「おおーい、お茶」と口に出せば、いつでも「ハ～イ」とお茶を運んでくれるみたいな。

この〝ルール〟は、いつも使うものには、動きやすく気持ちも身体もラクです。

動作の回数が多いほど、知らず知らずに身体も心も疲れ、自分でやるのが嫌になるものです。

〝考えてから動く〟、〝すぐ取り出せ、しまえる〟、〝動作はいつも1回で〟。

そのためには、ものの配置やしまう場所にも気を配ること。

いつまでも楽しくラクに、時間や体力の余分なエネルギーを使わず、美味しい食事をつくり、味わいたいために。

家事は気配り、心配り

よほどのことがないかぎり、週に3回掃除機をかけます。

その理由は、見た目はきれいでもホコリや汚れは必ずあるから。

見えないうちにとれば数分で済むのに、何日（何カ月？）も放置すれば、汚れが頑固になり、きれいにするのに手間も時間もかかります。

もちろん、心も身体も疲れる。

それに、週3回、定期的に掃除機をかけながら部屋を動き回ればゆるやかなスポーツ、運動不足解消にもなります。


汚れが究極に達してから何時間もかけてやる大そうじ。

せっかく、心身とも疲労困憊《こんぱい》になってきれいにした部屋も、「きれいになった！」と気を緩め、そのまま何もせずに放置すれば元の汚い部屋に逆戻りです。

一瞬きれいになった部屋を見ていると、このままずっと何もしなくても〝心地いい状態〟が未来永劫《えいごう》続くような理想郷をつい夢見てしまうのですが。


日々の暮らしの中では、連続した小さな手入れや気配りが、一気にやる大そうじより、汚れもたまらず、ずっとラクなのをご存知ですか。

それに、いつも美しい部屋は心身の健康にも大切です。


きれいに片付いた部屋も、数時間数日経てば、汚れ乱れてきます。

朝食をつくって食べても数時間後のランチがあり、夕食が待っているように。

朝、きれいに完璧にお化粧をしても、寝る前にはきれいさっぱり落とさなくてはなりません。

このように、何もしなくても必ず汚れは繰り返しやってくる。

だから、暮らしには日々の変化に対応する手入れが必要で、毎日のちょっとした気配りや心配りで理想に近い暮らしが手に入るのです。


何事もまめに手入れをすることで、たとえば食器洗いも少量でも溜めずにすぐ手で洗えば、汚れは落ちやすく、時間もかからずラクです。

時間が経ってこびりついた汚れは、すぐやれば数分で済むはずが、数倍の手間と労力がかかります。

しかも、こまめな手入れで、キッチンはいつもきれい。

次にキッチンに立ったときの気持ちも軽く、何よりも達成感で心が明るく上向きます。

立つ鳥、あとを濁さず

中学生の頃、通っていたミッションスクールの授業でアメリカ人のシスターに教わったのが、〝前よりきれいにして、その場を立ち去りましょう〟。最近、これはボーイスカウトやガールスカウトの〝整理整頓のルール〟でもあることを知りました。

トイレもしかり。

使った後は、次に使う人のことを考えて、きれいにしてから立ち去るのです。

日本のトイレは世界でも1、2を争うくらい清潔できれいだと思いますが、クリーン度をさらに維持するためには、そうじする人手や回数だけではなく、使う人の心配りも大切です。

汚れが汚れを誘うように、清潔なトイレは清潔を呼び、きれいに使いたくなるものです。水回りは、きれいに使うとその分そうじの手間が省けますし、気持ちも心地よく前向きになります。

手や顔を洗う洗面台は、水しぶきを飛ばさないように適量の水をていねいに使う。あたりに飛び散った水滴は、乾いた布か紙できれいに拭く。

鏡についた水滴もついたらすぐきれいにしておく。

自宅はもちろん、公共のスペースのどこでも、水あかのないピカピカの鏡は、自分を若くさらに美しく（！）輝かせてくれそうです。

家は住む人の教養を表す

わが家から歩いて数分先に、いかにもゆったりとした暮らしぶりが感じられる小さな家がある。

家のたたずまいを見ているだけで、つましく住み慣れている様子がうかがわれ、前を通るたびなんとなく心が柔らかい空気に包まれる不思議な家。

現代版吉田兼好《よしだけんこう》の言う〝わざとらしくない心安らぐ自然な住まい〟。

心が疲れ、気分が暗く憂うつなとき、わざわざ遠回りをしてその家の前を歩いて家路につくと、なぜか気持ちが和《やわ》らいでくるのです。

「実は、私も前から気になって……」

あるとき、自宅の雑事を手伝ってくれているNさんがつぶやいた。

ブルータスよ！　あなたも？　あの家が気になっていたのね。

「あの家を見ていると、ほら、なんとなく気持ちが和らぐというか……」

その家を見るたび、彼女もほんわかした暖かい気持ちになっていたらしい。

築数十年以上の木造の小さな平屋建ては、両隣の鉄筋マンションの間に挟まれ、ひっそりと簡素にたたずみ、派手さはないが、それとなく洋風の鎧戸《よろいど》を和風建築に取り入れた外観は、住む人のこれまでの暮らし方が現れているような気がするのです。

きっと外国暮らしが長かったのかしら。

どんな仕事をしていたのか。

たぶんご高齢のご夫婦が住んでいるのかも。

あるいは老婦人の独り暮らし？
その家主の暮らしぶりからこれまでの人生まで、あれこれ想像が膨らみ、Nさんと私のふたりの老女の茶飲み話に花が咲く。

小さな庭の芝生を囲む、ほどほどの高さの木々も人工的でなく、自然でさりげない手入れがされ、小さな庭の隅には、ホウキやスコップが遠慮がちにまとめて置いてある。いつでもすぐ手に取って使えるように配慮された道具は、周りの草木と自然に調和している。

小さなフランス窓の横には外に向いて鉢植えの花が置かれ、その向こうに見える部屋にはテーブルの上の赤いランプが淡い光を放っている。

玄関の小さな木製のドアの前には、趣味のいい陶器の傘立てがあり、中には2本の傘が用意され、その数はなぜかいつも同じ。

わざとらしくない心落ち着く自然溢れる住まい。
〝家は住む人の人柄が偲《しの》ばれる〟。

兼好の世界を現代風に再現したような小さな家。

20年間、ついぞ、住人の姿を見ることなく、最近その家は売り家となったが、さて、次の住人はどんな住み方をするのだろうか。

2

少しの手間で上手に片付ける

――暮らしのルールの見直し

これもあれもと手に入れるために
頑張ってきたはずなのに。
気がつけば、身の回りが雑然とし
物事が煩雑になっていることに、
深いため息をつくことがありませんか。
車にも2年ごとの車検があるように、
暮らしもときどき見直しとメンテが必要です。

ものを増やさない工夫

ものは多いほど幸せいっぱい！　と思った時代は過ぎ、今はものが多すぎると不幸がいっぱい！　です。

お城のような大豪邸は別にして、ものが多いと部屋は狭くなり、ものの数だけ汚れやホコリが溜まる場所が増え、そうじの回数や疲労度も増し、さらに部屋だけでなく心身にもホコリが溜まったようで不健康です。

さらに、必要なときに必要なものが見つからず、探すのにムダな時間や労力が費やされ、イライラの原因にも。

ものは気に入ったものが必要な数、決まった場所に収まっているのがいちばん。どこに何がどれだけあるか。普段から自分できちんと管理ができていれば、いつでも安心ですし、人の手も借りやすくなります。

買い物好きな私は、ものを増やさない決意をときどき自分に課します。

なにかを買いたくなったら、まず「どこにしまうの？」と自分に聞く。

ものを置く場所を決めておけば、この問いの答えは簡単です。

「どれかを処分してから」でないと、しまえないのですから。

「とりあえず」買うと、必ずどこかに置いて、使う前に買ったことさえ忘れてしまうことが多い。


「ほんとうに要るの？」

これも大切な問いです。

すぐ必要でないもの、使わないものは買わないこと。

私は、たまに、安いからと、H&Mのセールで格安のTシャツを何枚も買ってしまうことがありますが、タンスやクローゼットにはしまわず、すぐ着ることにしています。

そうすれば、どこかの隅に積みかさなって忘れ去られることもなく、似合わないものは心置きなく、誰かにさしあげたり、処分できます。

道具は不揃いでも慣れ親しんだものがいい

ドイツから持ち帰ったわが家の古い木のダイニングテーブル。

食事中は個別のマットを置くだけ、ふだんは表面には何もかけない。

気がついたときにさっと拭けるのでラクだし、なにより自然の木肌の感触を楽しみたいから。

木目がむき出しの上で本を読んだりパソコンを使ったりすると、身体が自然を感じるようで気持ちがいい。

使い古し、あちこち傷だらけのオークの表面は、これまで共に歩んできた私の人生そのもの。

使ったらすぐ拭けるので、手入れもそれなりに行き届き、いつも手あかや食品汚れから解放され、清潔ですべすべしています。

もちろん、人を招いての食事やお茶のときには、そのときどきの季節や雰囲気に合った白いコットンの布をかければ、最高の贅沢《ぜいたく》な時間を演出できる。

汚したくないからと、間違ってもビニールシートを掛けたりはしない。

オークのテーブルは大きさのわりには高価なものではなかったが、20年以上経った今、使うにつれだんだん味わい深い色つやが出て、どんな年代物の高級アンティークにも負けない気品が漂ってきました。


年を重ねるにつれ、新しい家具は必要なくなり、むしろ余分なものは邪魔になるので処分したくなる。

しかし、この古いテーブルは、部屋の他の家具とは材質も色も違うが、妙になじんで調和が取れて違和感がない。しかも、いちばんの安物が高級品以上に〝上質なもの〟に見える。

長い間慣れ親しんだ戦友のようなオークのテーブル。

これからもわが人生と共に歩んでいきたい。

心の買い物

しまった！　と後悔したときはすでに遅し。

ある夏、久しぶりに訪れたドイツのハンブルグで、最後のショッピングに予定していた日がなんと日曜日！

その日は、駅構内の店やレストラン以外のほとんどの店が閉まるのをすっかり忘れていたのです。

翌朝早く日本へ向けて出発するので、買い物をするなら今日だけ、ほとんど時間はない。

仕方なく、その日は散歩がてら、ドイツ人を見習ってウィンドウショッピングをすることにしたのです。

店内の暗さとは別に、実ににぎやかにカラフルに飾られたショーウィンドウを眺めながら、あれやこれや、買う予定の商品の品定めをするのがドイツ人流。

ドイツ人は、けっして衝動買いはしないのです。

散歩がてらのウィンドウショッピングは、お金のかからない立派な〝心の買い物〟なのでしょう。

どうしても今必要なもの以外、ほとんどは〝心の買い物〟をしているうちに心や頭から消えてしまいます。

ムリに買いたい衝動を抑えることなく、歩きながら、眺めながら、じっくりと。

自分の部屋の様子や懐《ふところ》具合を想像しているうちに、いつのまにか欲しい欲望が薄らいでいくのです。

歩き疲れたら、コーヒーショップに立ち寄り、道端の椅子に腰かけ、通りを眺めながら、美味しいコーヒーと甘いケーキを食べ、ゆったりした時に身を任せる……。

仲良く腕をからませてそぞろ歩きをしながら〝心の買い物〟を楽しむ老夫婦を見ていると、心豊かな休日の過ごし方を思いだしました。

〝要りません〟の勇気

あるとき、あかずの扉を開けたとたん、大量のティッシュが籠《かご》からこぼれ落ちてきました。これには、さすがの私も〝紺屋《こうや》の白袴《しろばかま》〟を大いに反省しました。

たしかに、ちりも積もればいつの間にか山となる！

お金が貯まるのはうれしい限りですが、今使わないものが余分にあっても場所をとるし、あるのも忘れ、いずれゴミやガラクタ化します。

見ればほとんどのティッシュがパチンコやカラオケ店、それに金融業の宣伝。

派手な服装をしたお姉さんが笑っているキャバクラの名前らしきものもあります。

炎天下、若者が汗を流しながら一生懸命配っているのを、断るのもかわいそう、と手にした結果、いつの間にか〝ちりも積もれば山〟となってしまったのでしょう。

最近は、「ごめんなさいね、結構です」と、今すぐ必要なティッシュ以外は受け取らない毅然《きぜん》とした態度をとることにしています。

知り合いや友人からの善意の贈り物も、できるだけ「要らない？」と聞かれたら、ほんとうに今使うものだけに絞り、「うれしいけど、今ちょうど同じものがあるので」など、上手に断る。

ものが「要る、要らない」は感情ではなく、現実的に考えスパッと割り切ることも必要です。

ちなみに、私からさしあげるものは、お花、和菓子やチョコレート。

たとえ重なったとしても、花は枯れるし、食品は日持ちがするものを基準に選ぶ。

お花はプレゼントに最適。

かわいいバスケットに入ったものを選べば、花瓶も要らず、すぐ飾れるので手間がかからないし、花を見て喜ぶ人はいても怒る人はいないような気がする。

籠入りの花だと、切り花を挿しているので、お見舞いにも「根がつく」と嫌われずにすみます。

紙袋は、便利な一時避難所

衣類や雑貨は、「要らない」と決めたら、すぐ紙袋に入れるようにしている。そのための紙袋は、すぐ使えるようにクローゼットの隅に置いています。

捨てるにしても処分するにしても人に譲るにしても、「要らない」と思った瞬間、まずはポンポンと紙袋に投げ入れておく。

こうでもしないと、「まだ使える」「高かったのに」「もったいない」などの未練や執着が捨てられないのです。

それでもときどき、紙袋の底に沈んでいるTシャツを何かのきっかけに思いだし、「ああ捨てなくてよかった」と安堵することがある。

「要る、要らない」、の判断は、そのときの精神状態や経済状態にも影響されることがありそうです。

人生は、時計の針のように刻々と変化します。

まだ使えるものを、いきなりエイヤッと処分すれば、そのほとんどはあとで悔やむことが多い。

だから、ものにも、一時避難する場所、シェルターは必要かもしれない。「惜しかったなあ」といつまでもイジイジと後悔しないための〝精神安定剤〟の役割を果たしてくれるのです。

ただし、要らないものの一時預かりも、置く場所をとって邪魔になるので、紙袋の数は2枚までと決めています。

家しごとの〝先行投資〟

家事代行サービスを創業して29年。

借金こそないものの、今でも日々の気苦労や骨折り損は尽きることがありません。

そんなとき、「企業活動は社会貢献！」とあらためて自分に言い聞かせることで少しは救われる気がします。

企業活動には、人材育成が欠かせませんが、人を採用して、教育するのにお金がかかります。つまり、どれだけの利益を会社にもたらしてくれるかわからない新人への〝先行投資〟は、それが徒労に終わっても、会社を支える大切な活動なので、あきらめずに繰り返し続けなければならないのです。

せっかく研修が終わり、いざこれからというときに「スミマセン、この仕事向かない気がするので……」「急に親が倒れたので……」などとありそうな理屈を並べて辞めてしまう新人も多い。

その点、家しごとの〝先行投資〟は、無駄がなく、むしろ時間や労力の軽減と暮らしに確かな幸せや豊かさをもたらしてくれます。

家しごと、たとえばワイシャツのボタン付け。

裁縫《さいほう》箱からシャツの色に合った糸とボタンを探して付け、作業が終われば裁縫箱を片付ける。

このとき、次の同じボタン付け作業を考え、針に糸を通して片付けておけば、〝後片付け〟と次の〝準備〟ができ、次の作業がラクになる。

ひとつの家しごとの〝後片付け〟と、次の仕事の〝準備〟を同時に組み合わせるのです。

朝食の〝準備〟をしながら、その日の夕食の〝下準備〟をすれば、使う道具も水も時間も少なくて済み、食材も朝の残りを応用できそうです。

なにより、使う労力は〝ながら〟作業なら半分ですみます。


使ったものを元の位置に戻すこと（後片付け）も、次に使うとき（準備）に探し回る時間と手間が省けます。

すべての家しごとは、今の作業と次の作業が同時進行の〝先行投資〟でつながっているのです。

上手な時間管理

手帳がスケジュールで真っ黒だった働き盛りの頃より、むしろ年を重ねた今こそ、上手に計画を立て時間を管理することが大切です。

残り少ない貴重な時間だからこそ。有効に使うのです。

かつて、主婦は〝そうじの計画を立てても実行する人はほとんどいない〟ことを知りました。ならば、最初から計画を立てず、むしろ〝あなたの気になる場所〟のポイントそうじを提案してみました。

思いついたのが、15分から1分の場所別の〝時短家事〟。

全部やらなくても、時間を決め、気になる場所の優先順位を考えてやればいいのですから簡単でラクです。

わかりやすいこともあり、忙しいそうじ嫌いな人にはかなり受け、本も飛ぶように売れ、雑誌の取材も何社も重なりました。

働く女性向けには、私自身の経験から夜時間を上手に活用する〝夜家事〟を提案したこともあります。

その頃は、景気も上向きで世の中が夜時間の活用に不健康に踊っていた時代です。

時代が変わり、今はすべてが健康志向。

疲れ切った夜よりむしろ、〝朝家事〟です。

年を重ねるごとに、1日の疲れが溜まる夜の家事がしんどくなり、むしろ元気な朝にできる自分なりの朝家事をご紹介しようと思いついたのです。

これもまた大ヒット。今ではすっかり朝家事ブームです。

ちょうど時代が、不景気になり、外で不健康に消費するより家で健康的にゆったり過ごしたいという人も増えてきました。

こうして、夜家事から朝家事へ、女性たちの関心が移っていったのです。

元気な朝時間の活用は、その日1日の仕事も遊びもはかどるようで、それに朝家事がぴったりハマッたのでしょうか。

年齢、職業にかかわらず、〝朝家事〟は上手な時間管理の入り口です。

なぜでしょうか。

時間を気にせずダラダラできる夜と違い、これから1日が待っている朝の短い限られた時間を上手に管理できれば、その日のほとんどの家事が終わってしまうので、達成感や充実感もあります。

仕事に出かける人も家にいる人も、朝家事をうまくやれれば、あれもこれもと案じることなく、1日を自由に仕事や趣味に専念して使えるのです。

今日やること

私は見かけによらず、かなり大雑把な性格。

職業柄、どうもきちんとした隙《すき》のない（！）性格のように見えるらしい。

夫からも、「雑できめ細かさがない」と言われ続け、〝だったら、キミはどうなの？〟

と、いつも心で反論しつつ、〝でも、事実だから仕方ないかな……〟と現実を素直に受け止めることに。

ただ、〝雑で大雑把〟もいいことがある。

他人の欠点や細部にこだわらないから、どんな人とでもなんとかうまく我慢しながらやっていけるのですよ。

〝大雑把〟だから、立てた計画は生死にかかわらない以上、何が何でもやらなければいけないとは思っていない。

人生を楽しみながら、余裕を持って1日を過ごしたいのです。

だから、市販の細かいスケジュール表は苦手。

自分の生活リズムに合った小さな1枚の月別カレンダーと、最小サイズの大学ノートを愛用しています。

私の場合、すべてが大まかな方が物事や人生がうまく運ぶ。

予定表は週ごと、月別に書き込み、詳細メモは日記を兼ねた小さな大学ノートに書きます。

会議や会合、ランチやディナーなどは週ごとのカレンダーに書き込み、その横に必要な事項、人名、場所、修理や買い物など、仕事や日々の暮らしで忘れてはいけない事項などを付け加えます。

朝、ノートに食べたばかりの朝食メニューを書き込みながらスケジュール表を確認し、〝今日やること〟の優先順位を考えます。

〝今日やること〟は、大きくても小さくてもその日の大切な目標設定になる。

小さくても1日の目標があれば、その日を悠々楽しく過ごせます。

無計画、無目的に過ごせば、「次はどうする」の想いに駆られ、落ち着かず、人との約束も忘れて信頼を失ってしまうことになるかもしれません。

1日の〝今日やる〟予定がわかっていれば、ひとつの行動が終わり、その先に進む細かい手筈も自然とつながってくるものです。

どんな計画も、〝今日やる〟予定を考える習慣を自分のものにしてしまえば、効率的に進む。

毎日の〝今日やること〟は、その日の〝旅のプラン〟によく似ています。優れた旅行の計画は、目的地にラクに正確に到着でき、心のストレスを感じない楽しい旅の思い出となって残るように。

なんでもメモする習慣を持つ

新聞を読むとき、テレビを観るとき、必ず前述の大学ノートを手元に置いています。気になる人の名前や情報の内容、言葉など、気になれば書き留めておく。

今やネットの時代、書くなんて、時間の無駄！　という人もいます。

しかし、すぐ書く方が、記事を切り抜いたり、あとで記憶を頼りにパソコンで検索するより、はるかに確実で時間もかかりません。

何より、日付順に書きとめた情報が、手帳の中の1カ所に整理でき、広告の裏紙に書いたものが破れてどこかに紛失してしまう危険もない。

たとえば、8月のある日の朝刊で紹介された夏のスタミナ野菜料理。気になりぜひ試してみたいと思えば、その材料と作り方をメモし、時間を見つけて1週間以内に再現する。

作り方と材料はその日付のページをみれば、わが朝食のメニューの隣にすぐ簡単に発見でき、そのメモを片手にキッチンで作業ができる。

もちろん、あとで料理の感想を書き加え、自分の定番レパートリーに加えることもあります。

何でもメモる習慣は、自分の頭で考え、自分の言葉で書くので、脳の若返り活性化にもつながり、ボケ防止にもなりそう。

ただし、書くことに満足してメモを頼りにしないよう、頭にもシカと記憶するよう心がけます。

暮らしのマンネリ化を防ぐ

仕事も家事も、自分で意識しない限り、それなりの〝生きがい〟や〝やりがい〟は見つかりません。〝やりがい〟のあることは、どんなに頭がいい天才にも自然には生まれない。

いつもやる気をなくし、これでいいのかと悩んで落ち込んでしまうのは、たぶん、自分の心が目的をなくし、その気にならないからかもしれないのです。

落ち込みから脱するには、心から「ほんとうに意味がある」と思えることをすることがいちばんなのです。

目標をはっきり持って、それを継続し習慣化すること。

今日1日、自分にとって〝意味のあることをひとつだけ〟見つけるだけでもいい。

これだけでも十分心が元気になり、小さなやる気が出てきます。

私は、暮らしがマンネリ化し、何もしたくないと思えば、その日の目標を考えます。その日の最大のイベントを見つける。

なんでもいい。小さなことでもいい。ただし、独りでできるものに限る。

その日の朝刊の書評や広告で気になった本を探しに本屋へ出かけることもある。

お風呂にとびきり上等の入浴剤を入れて、1時間くらい湯船につかったり、身体を無心になってゴシゴシ磨いたり。

美味しいランチを食べにおしゃれをして電車に乗り、2駅先の新宿のレストランへ出かける。

だれにも邪魔されず、自分の時間を楽しむことで、これまで見過ごしてきた当たり前のことが意味ある大切なものに思い直されたり、心がイキイキと輝いて、また新しい何かをする勇気が生まれます。

上質な暮らしのルール

私は、自分流に快適な暮らしを手に入れるために、必ず決めていることがあります。

それは４つの暮らしのルール。

①床に落ちているものは、必ず拾う

これは出かけるときも帰宅したときも、見つけたら必ず手が動くようになるまで習慣にしてしまう。

部屋を移動するときはもちろん。

どんなゴミも見つけたら必ず拾い上げ始末する。

②洗濯ものや食後の片付けはすぐ、こまめにやる

ホームパーティで汚れた食器類は、どんなに疲れていても明日まで延ばさず、きれいに片付けてしまう。

そのために、大人数の場合、その都度汚れた食器は下げ、食材の残りはこまめに処理、できるだけ洗い物が少なくて済む工夫をする。

③トイレや浴室などの水回りのそうじは、使ったらその都度きれいにする

水回りは、いつどんなときもピカピカを目標にする。

基本は、不意の来客に「おトイレ拝借」と言われてもあわてないこと。

④いつも清潔で整理整頓された美しい玄関を心がける

きれいな玄関は、住む人の教養と幸せのバロメーター。

自分や家族の心を穏やかにし、突然の来客もあわてず恥じず堂々と迎えられる。

靴がきちんとそろえられた美しい玄関はどんな〝泥棒〟もなんとなく訪問しづらいものです。

マンションや戸建て、家の大きさや形、家族の数にかかわらず、初歩的な暮らしの基本ルールを身につけて習慣にしてしまうこと。

この暮らしの習慣に費やす時間や労力は、これから重ねる年に応じて、少しは〝わり算〟されるかもしれませんが、内容は変わらないでしょう。

仕事を単純化するには

どこでもいつでも、機会があれば、プロの仕事を観察し、真似ることです。

その道で食べている人は、仕事を上手に完成させるための効率的な技や道具の使い方を身につけています。たいがいのその道のベテランは……。

たとえば、最近はやりのオープンキッチンのレストラン。

見ていると、シェフたちの手つきや動線には無駄がない。

料理の準備と作業はほとんど同時進行。

手や目を休めることなく、できるだけ短い動線と時間で料理を完成させます。

高級ホテルや洗練されたレストランでは、よく見ると、ベテランウエイターは片付けと準備を同時に行ないます。

汚れた食器を一度で片付け、次のゲストのためのテーブルセッティング、テーブルクロスをきれいなものと交換し、新しいグラスやナプキンを並べる。

見ていると、その作業にかかる時間は数分。

これで、次のゲストが、あたかもその日初めてのお客のような新鮮な気持ちで席に着くことができるのです。

このようなプロの仕事の知恵や動作は、よく観察すると暮らしにとても役に立つ。

食事を終えたら、汚れた食器は簡単に汚れを水で流し、食洗機に入れたり、手で洗ってしまいます。

何度も流しとテーブルを行き来しないよう、なるべく両手やトレイを使い一度で済むように考える。

こうすれば、テーブルはいつも清潔で片付き、新しい気持ちでお茶を楽しんだり、ゆったりした気分で読書に心をゆだねられます。

暮らしのダイエットは冷蔵庫から

あれもこれも残して取っておきたい。たいていの人はそう考えます。年を重ね、残された人生の時間、気力、体力もだんだんと少なくなってくると、これまで多くのものに囲まれていた人も、「どれにするか」と、ものを選択する決断が必要になってきます。

朝起きてから寝るまで、〝食べて〟、〝話して〟、〝出かけ〟、〝働き〟、〝暮らす〟。どんな人にとっても、大小の違いはあるものの、〝どこへ、いつ、誰と、何を〟など、人生は決断の連続の日々だったように。

後半の人生は、いよいよ暮らしのダイエットを決断する時期です。

身体も暮らし方も少しずつ自分なりにスリムにすれば、健康で安心な老後が待っているような気がします。

整理整頓が苦手な人は、まず冷蔵庫からスタートするといいかもしれません。冷蔵庫をスッキリ機能的にすれば、あれほど悩んでいたメタボや健康に関する諸々が夢のように解決します。

そう、おまじないをかけるのです。

ある調査では、冷蔵庫や食卓に余分な食材が溢れていたりする家の住人は太る傾向にあるそうです。

たしかに、余分な食材が周りに溢れていると、ついそこにあるものを手にしたくなり、余計なものまで口にしてしまうことは想像できる。

冷蔵庫は、タンスと同様、物言わぬ倉庫。なんでも飲み込んでしまいます。

冷蔵庫でも、もの別に収納場所を決めること。

もちろん、冷蔵庫の大きさに合わせ、収納するものの数はきちんと守ります。

わが家の古くてさほど大きくない冷蔵庫には、最上段に乳製品と味噌などの発酵食品、二段目には残り物やデザート類など早めに食べきった方がよさそうな食品類、扉付きの下段はハムや肉類、魚類などの生鮮食品類や食パン。

保存食のビンや容器は、まとめて下段に。

すべて7割収納を心がけているので、冷蔵庫の扉を開ければ、どこに何がどれだけあるかが〝一目瞭然〟。


食品の収納場所を決めているので、必要なものを取りだし、もとに戻すのはなるべくひとつの動作で済む。

「あれ？　どこかにあったはず」と探し物をしながら、扉を長時間開けないので、ムダな電気代もかかりません。

高齢になると、動きが鈍くなり、冷蔵庫の扉を開けたまましばし考えたり、探したりする時間が多くなるので、できるだけ、ものは〝一目瞭然〟、すぐわかるようにぎゅうぎゅうに詰め込まないことも心がけましょう。

冷蔵庫のドアの内側は、調味料や卵などよく使うものを収納する。

もちろん、7割の収納なので、空きスペースに寄せれば、ものを出さずに庫内は簡単に拭ける。

冷蔵庫内のものの置き場所が見渡せるので、ムダな買い物もなくなり、その日の料理を助ける残り物がないかどうかも簡単に確かめられる。

料理をするときは、必ず、使える残り物がないかどうか確かめ、なるべく食材は整理整頓を兼ね使い切って冷蔵庫をスッキリさせる。

〝見える、わかる収納〟は、いつも新鮮な食材を口にできるので、衛生的で健康生活には欠かせません。

手間をかけずに、豊かな食生活

いくら料理をするのが好きでも、キッチンにこもりきりは気分も身体も疲れます。

といっても、手作りの美味しい食卓は心も豊かになるので、自分で料理をするのは回数を少なくしても手放せない。

それに少人数の家族なので、まとめ買いした食材をムダにせず、何度も分けて使い切る知恵も楽しみたい。

なるべく食事は、2食分以上をまとめて作るようにしています。

貴重な料理の時間も2分の1になります。

冷蔵庫にシチューやカレーの材料を見つけたら、2食分つくり、残りの2分の1は冷凍して1週間後の献立に加える。

こうすると1食分の準備の時間で2食分が作れ、時間と労力が半分で済む。

しかも、安くまとめ買いした食材の鮮度が失われないうちに上手に使い切ることができ、未来の献立の心配も1食分減り安心です。

前述（P75）のように、朝のキッチン仕事のとき、夕食の下ごしらえをします。

ホウレンソウやジャガイモをゆでたり、サラダ用のレタスを洗ってちぎり、野菜炒めの材料などは切っておく。

こうすれば、朝食の〝後片付け〟とNEXT（夕食）の〝準備〟が一度に並行してできてしまう。

「夕食は何を作ろうか」などと案じることなく、昼間は自分の時間や仕事に十分打ち込めます。

豊かな暮らしは、このような日々のちょっとした手間から生まれるのです。

高齢者にこそ必要な料理の手順

今は、男女共同参画で、学校で男子も料理を学ぶ機会がありますが、私の学生の頃はまだ家庭科は女性だけのものでした。

先日、頼まれて都内のシルバー人材センターの60代以上の男女に〝料理〟を教えることに。

たまたま、以前からそうじの講座を引き受けていた関係で、「料理もお願いします」ということになったのです。

料理の本も何冊か出しているのを見込んでのことらしい。

生徒の皆さんは60代の団塊世代、「男子厨房に入らず」の時代に学んだ人たちです。

さて、何を作って、何を話すか。

男性は、初めての〝料理〟に遭遇する人たちがほとんど。

女性は、自己流でなんでもやってきた自称専業主婦のベテランたち。

わかりやすく、材料はできるだけシンプルで美味しく、滋養栄養たっぷり、さらにこれまで作ったことがない〝新しく珍しいレシピ〟がいい。

しかも、料理に興味のない人も好きでない人も面白いと思えるレシピ……。

私同様、ある程度の高齢者（？）の方々なので、少しの〝時間と体力〟で〝消化に良く美味しいもの〟が作れること。

これこそ、これからの高齢社会の家庭料理の基本コンセプトです。

当日のテーマは、キャベツを丸ごと使った〝ドイツ風ロールキャベツ〟。

キャベツを丸ごとさっと湯にくぐらせ、柔らかくなった葉を1枚1枚花が咲くように開かせ、その間によく炒めたひき肉と玉ねぎを挟んでいく。

作り方がダイナミックで簡単、しかも味も「美味しい！」と大好評でしたが、肝心なのはいかに料理の手間と時間を減らして、ラクに美味しい手作り料理を楽しむか。ここに焦点を当てました。

〝少しの手間と時間〟をどう料理に応用するのか。

普段から私が実行している大切な家事哲学。これはすべての暮らしに通じる道。

とくに料理では簡単に実践できてわかりやすい。

料理は作業をしながら片付けると、料理が完成した頃には片付けも終了している。

これは、料理だけでなく、家事すべてに共通し、効率的な時間と労力活用のいちばん大切なポイント。

包丁やお鍋などの道具は、使ったらすぐ手入れをしてしまう。

料理はほとんどが待ち時間なので、その時間を利用して使った道具を手入れし、しまい、汚れた場所をきれいに拭いておく。

ほら、プロの料理人は、使った包丁やまな板はすぐ洗い、調理台を拭きながら作業をするでしょう。

ゴミは、ごみ袋を戸棚の取っ手にかけ、料理のあと即捨てる。

時間があれば、食後のお茶のお湯を沸かしたり、次の下準備までしてしまう。

煮たり焼いたりする作業は、同時に行なえば、動線がかなり簡単に効率化する。

料理が出来上がったときは、キッチンの調理台も片付いていること。

いつも全体の所要時間の目安を考え、落ち着いて作業しましょう。


くつろいだ気分でいただく美味しい料理は、料理で散らかった汚れの痕跡もなく、きれいに片付いたキッチンから生まれるのです。

さて……。

高齢者にこそ大切な〝料理の時間管理学〟を十分に伝えられたかどうか、今でも心の奥に引っかかっている。

買い物のこと

できれば食材の買いだしは、週に1回と決めている。

簡単な買い物リストをキッチンの引き出しに入れ、出かけるときに必ず目を通し、冷蔵庫内をチェックする。

足りなくなっているものに気がつけばその都度書き足す。

どうしても特別に必要なものが5つ以上あるときは、紙にメモをして出かけます。

中身の見える調味料は、半分の量になったら買い足し、急になくなってあわてることのないよう、ラップやアルミ箔《はく》など中身の残量が見えにくいものはいつも〝ワン・ストック・ワン・ユース〟。

つまり、使っているものとスペアもう1個。

牛乳やヨーグルトなど毎日食べるものや使うものなど、切らして困る食材は、必ず2

本用意します。

2本目を使い切る頃に、必ず補充する。

買い置きのできるジャガイモや玉ねぎなどの野菜は、セール時に少し多めに買って保存しておけば安心です。

スーパーやデパ地下の動線もムダが無いように心がけ、いきつけの店のレイアウトも頭の地図に書いておく。

いちばん空いている曜日と時間帯も知っておくと便利。


もちろん、お腹が空いているときは余分なものを買ってしまうので、キャンディやクッキーをちょっとつまんでから出かけます。

かさばって重い食材などは、デパートなどの無料宅配を上手に利用すると、その日に運んでくれるのでとてもラク。

このような買い物の知恵のひとつひとつは、上手にかけ算すればすべて老後にも立派に通用します。

ひとまとめにする

引き出しや道具箱の中の必要な〝ガラクタ〟はひとまとめにする。

ガラクタと言っても、メモ用紙、クリップ、鉛筆、サインペン、消しゴム、安全ピンなどで仕事に必要なものばかりですが、放置すれば、引き出しの中の流浪の民となってあちこちに散らばって収拾がつかなくなり、いざ片付けるとなると数時間もかかってしまう。

それぞれ同じ仲間を輪ゴムでひとまとめにし、安全ピンやクリップなどは小さな箱にまとめて入れておく。

こうすれば、必要なものが探しやすく、引き出しの中が見た目もスッキリ整理整頓され、見た目も美しく気持ちがいい。

1本だけで単独行動しているはさみやホッチキスなどもあるが、他はひとまとめにしてあるので、かえってその存在がわかりやすくなります。

数が増え、ひとまとめにできなくなったら、それ以上は要らないので古いものから順に処分していく。

ひとまとめにしておくと、〝異邦人〟や〝場違いのもの〟は目立つので、片付けたり、処分したり、元の場所に戻すこともできやすいのです。

ただ、拭くだけでも

そうじの基本は、〝はたく、掃《は》く、拭く、磨く〟。

〝磨く〟という動作が加わったのは、日本人の食生活の変化で油汚れが登場し、そうじの回数も減り、汚れを放置した結果、頑固な汚れが増え、ゴシゴシと磨かなくては取れなくなったからです。

私の小学生のころは、雑巾《ぞうきん》を両手で押さえ、その上にカエルのように這《は》いつくばり、「よーい・どん！」を合図に、その日の当番たちが木の廊下を競うように拭いたものです。用意するものは、雑巾とバケツ。

水が濁ればきれいな水に取りかえ、皆が汗だくになったころバケツの水がきれいになってそうじは終了。

力を入れ過ぎると、小さな手に木のトゲが刺さり、泣き顔になる子もいて……。「どうしてくれる！」と怒鳴り込んでくる父兄もなく、先生がトゲを抜いて赤チンぬっておしまい。

思えば、なんとのどかで素朴《そぼく》な思い出でしょうか。

今や掃除機が主流になって、床もテーブルも拭くことが忘れられてしまったようですが、この〝拭く〟動作はスグレモノ。

愛用のタオル1枚あれば、キッチンでも浴室でもどこでもひと拭きできる。

時間も体力もかからず、老いて（！）ますます便利になってきました。

気がついたときに、使った場所をきれいにする。

汚れを見つけたら、タオル1枚でさっと拭くのが私の習慣。

これなら、どんな汚れも、はたいたり、掃いたりしなくてもきれいになるのです。

それに、いつも拭く習慣があれば、汚れも複雑にならず、磨くような頑固な汚れから解放されます。

足腰が弱り、よぼよぼになった未来の私が、タオル片手にあちらこちらを拭きまわっている姿を想像するたび、ニンマリと笑みがこぼれます。

長く、大切に使う心

昔から日本人の美徳は「もの持ちがいい」こと。

ややもすれば忘れがちなこの精神、ますますこれから大切にしなければいけない暮らしの美学です。

気に入り使い慣れたものを、修理しながらできるだけ長く使うことは、暮らしに活気を与え人生を豊かにしてくれます。

ものには思い出が宿っている。

たとえ、ひとつの大切な思い出だとしても、ときには心の負担になることもあります。

家中にものが溢れないため、思い出は心の隅に大切にしまい、用済みのものは思い切って処分することも必要です。

「長く大切に使うもの」と「役目を終えたもの」を分別することは、ものを増やさないためには大切なこと。

要らなくなったものが多すぎると、ものに心が占領され、人生に新しいことが入ってくるスペースがなく、過去を引きずる結果になります。

どうしても捨てたくないものには、〝3つ以上の捨てたくない理由〟を見つけられるか自問します。

理由が3つ以上あり、合格した捨てられないものは、大切に長く使います。

先日、30年以上使っているルイ・ヴィトンの小さなバッグの革の持ち手が取れてしまいました。

初めてのヨーロッパで、当時はまだ日本では手に入りにくい高級品のバッグを清水《きよみず》の舞台から飛び降りた気持ちで大枚を払って手に入れた思い出の品。

持ち主同様、重ねた年の数だけ墨のように黒々とした手あかと思い出がこびりついている。

小さいながら何でも入れられるので重宝し、どこへ行くのにも便利で今でも手放せない。

古すぎてぼろぼろだが、まだまだ役目は終えていない。

デジカメで写し、思い出とともにデータ化しようと思ったが、もうひと働きしてもらいたい。

そこで2カ月かけて、新しい持ち手に交換修理してもらい、国産の革のバッグなら2～3個買えるような高い修理代を払った。

世界中の旅の思い出がいっぱい詰まったこのバッグ。
自分のこれまでの泣き笑いの人生もぎっしり詰まっている。

「これからの人生もよろしくね」

持ち手だけ新品のようにピカピカになったバッグに呼びかけると、昔の冒険心旺盛《おうせい》で希望に燃えていた若い頃の自分に返ったようで、なんだか少し元気が出てきました。

3 品性を身につける

――教養は、言葉、仕草、身だしなみに現れる

どんな仕事でも健康で真面目にコツコツと
働けば、貧乏に追いつかれない。
そう信じて誠実に働き続け、
清貧を重んじて贅沢三昧をしなければ、
日々の暮らしはなんとかできる。
『徒然草』の作者、吉田兼好は、「〝健康〟で
〝衣食住〟足りていれば貧乏とは言わない」と
つれづれなるままに書いています。

鏡を見る理由《ワケ》

わが家には、鏡が各部屋にある。夏の森の家にも。

ドイツから帰国してさらに増えた気がします。

玄関の大きな鏡は、出かけるとき服装や全身をチェックし、帰宅時の疲れた様子を労《いたわ》るために。

また、わが家を訪れた客人が、玄関で乱れた服装や髪を整えるためにも。

鏡があれば狭い部屋がより広く見える効果もあります。


いつも明るく元気に見えるように。そう心がけているつもりでも、仕事がはかどらなかったり、ものが壊れたり、思い通りことが進まなかったりすると、ときにはイラつくことがある。

そんなとき、心を落ち着かせるために〝鏡〟を見る。

美人でもない顔が、さらに暗く老け顔になって、〝人さまには妖怪のように見えるに違いない〟と、醜《みにく》い容貌になって鏡の向こうから話しかけてくる。

「これはいかん！」、思わず鏡の自分に不安を覚え、わざと口を広げ、大げさに作り笑いをしてみる。


人はなぜ鏡を見るのか。考えたことがありますか。

そう、自分の姿を客観的に確認したいから。

あらためて鏡で見ないと、人は自分の姿がわからない。

鏡を見る人は、自分に自信があるナルシストと言われることがあるが、私の場合、自信がないから鏡を見るのです。

鏡は自分を客観的に見て、あるべき姿に〝矯正する〟のに役立ちます。

最近は、お腹が出てきた、シミが多くなった、顔色が悪いなど健康チェックもできる。

そして、人だけではなく、部屋も客観的に映すので、部屋の〝きれい度〟もチェックできるのをご存知でしょうか。

美しい歩きかた

セピア色に褪《あ》せた古い数枚の写真。どの写真を見ても健康そうに丸々と太った5歳前後の私が八の字に大きく足を広げて立っている。

あるときは虫取りの網を持って、あるときは畑の真ん中で今穫れたばかりの野菜カゴを両手で大事そうに抱えて。

その仁王立ちの姿を見ると、たぶん、歩くときも遊ぶときもかなりの〝ガニ股〟の元気な女の子だったに違いない。

遠い昔の色褪せた古い写真の中の自分の姿、おぼろげな記憶に懐かしさと気恥ずかしさで思わず苦笑してしまう。

子どものしつけには厳しかった両親も、戦後間もない混乱生活のやりくりで食べるのがやっと。歩きかたにまでは目が行き届かなかったに違いない。

小学校に入学してすぐのある放課後、担任の若い女の先生に呼びとめられ、「この上を歩ける?」と床の幅15㎝くらいの木の上を継ぎ目に沿って「まっすぐ」歩くようにとやさしく言われた。

清潔な白いブラウスにくるぶしまであるグレーのフレアスカート。

白いフラットなコットンシューズを履いた先生は、どんなときでも音も立てず風が流れるように床を歩いていた。

先生の傍にいると、石鹼の甘い香りが鼻をかすめ、子ども心にも憧《あこが》れのまぶしい存在だったような気がします。

その頃の化粧石鹼は、子どもには高嶺《たかね》の花、わが家でも大人たちや客人にだけ許された贅沢品だった。


放課後の誰もいなくなった教室で、狭い木の幅の継ぎ目の線に合わせ、交互に足をのせて歩く練習。

片方のつま先の前方に、もう一方のかかとを置きながら歩く。

これを何度も繰り返す。

当時、その若い先生にモデル風の歩きかたの知識があったかどうかわからないが、私は美しい歩きかたをその先生から教わったのです。

放課後レッスンは半年ほど続いて、いつのまにか終わりになった。

その後、ミッション系の私立中学に通うようになった私は、母からの届けものを持って先生宅に伺ったとき、ずっと気になっていた〝あのレッスン〟のことを思い切って話してみたのです。

洗いたての糊《のり》が利いた白いブラウスの袖口から伸びた白い手で、私にオレンジ色の粉末ジュースを勧めながら、先生は「ああ、あのことね……」と遠のいた昔の記憶を思いだしてくれたのです。

かわいい女の子がお相撲さんのような歩き方をするなんて、と驚き、ガニ股の行く末を案じ、何とかしなくては、と燃えるものを感じた、と笑う。

「それに……」

先生は、窓越しの遠くの青い空を見上げながら、「不完全燃焼のまま女学生で終戦を迎えたあの頃、新人の若い自分は人のため何か役に立ちたかったのかもしれない」と、うろ覚えだが、何やらそのような意味のことをおっしゃった気がする。

「それにあんな歩きかた、女性の美学に反しているもの……」

白い歯を少し見せ、やさしそうに微笑んでいた先生。そのありがたい深い思いやりがあったからこそ、少しはまともな歩きかたができる大人になれた今の私がいるのです。

今でも清潔な石鹸の香りにふれるたび、先生への感謝でウルウルと涙腺が緩んでしまう。

最近、街でも家でも、床の上に足を交互にのせながら、ゆっくりと滑るように楚々《そそ》と歩く自分に気付くことがある。

亡き恩師の教えは、半世紀経った今でも健在なのです。

自分磨き

人の脳や筋肉は何歳からでも成長するらしい。

これからは、高価な宝石や洋服にお金をかけるより、本を読んだり、旅に出たり、散歩やスポーツをして、内面と身体をケアしたいと思っている。

これまで生きてきた分、立派な（！）古着やものが十分すぎるほど、タンスや家中に眠っているので、新しいものはなるべく買わない。

処分する前のそれらを上手く活用する知恵を今こそ使えばいい。

高価なものは泡沫《うたかた》のように消えてしまえばそれまでだが、身についた習慣や知恵は生きている限り自分のもの、活かし方次第では〝宝物〟にもなる。


人生は、いくつになっても〝勉強〟、〝成長〟、〝前進〟の連続です。

年を重ねてからの勉強は、単に新しいことを覚えて詰め込むだけではなく、これまでの経験や知識を活かし、その意味を頭で考え、生活に応用する。

そういった、暮らしの中の知恵の〝かけ算〟は毎日の生活にハリが出て、脳の活性化にもなるのです。


哲学の祖ソクラテスの唱える「無知の知」は、高齢になればなるほど必要だと思う。

人生にはどんな人にも、まして老人にも、知らないことだらけ。

〝自分は何も知らない〟と謙虚に自覚すれば、その分新しいことに出会い、知って考えるチャンスに恵まれる。「フン、フン、フ～ン」と相槌《あいづち》を打ち、知ったかぶりをすると、新しい知識も得られず、変化も生まれないし、前進もない。

自分磨きのためにも、たまには、「自分は何も知らない」と謙虚になり、学んで考える習慣を持ちたい。

いつも新しい知恵（ソフィア）を愛（フィロス）する。

ときには、哲学（フィロソフィー）的に生きてみるのも自分磨きになりそうかしら。

暮らしの〝未完成交響曲〟をなくす

自分の周りの未完成なもの、やりかけのことなどがあると、それらのすべては、身体や心や生き方に悪い影響を与えるような気がします。

家の中で中途半端にしていたもの、人生で途中で放置したものなどなどが、積もり積もると、まるで見えない洪水に心が押しつぶされるような気持ちになります。

中途半端でやりかけの未完成のものからは、過去を引きずり、新しく生きるためのエネルギーが生まれてこない。

私流の解決策は、大きな未完成のものと小さな未完成のものに分け、ドンドン事務的に処理していくこと。

壊れた家具や電気製品の修理や買い換え、エアコンの点検、庭の手入れなどなど。大きければ大きいほど予算を立て計画的に考え優先順に処理します。

ワイシャツやカーディガンのボタン、時計やリモコンの電池や電球の交換など、日々の小さな未完成ものは2日以内にすぐ処理、完成させる。

無視することもできますが、それはやがて自分への膨大なツケとなることも経験から学んでいます。

いざ使うときに使えなくて、イライラしたり、肉体の疲労が倍増したり、余分な出費が重なったり、気分も人生も暗く投げやりになってしまいます。

自分の周りに〝未完成交響曲〟が鳴り響くことが少ないほど、新しい明日へのエネルギーが湧いて活動的に毎日がキラキラ輝いて見えるような気がします。

人は考える葦《あし》

数年前の真夏の夜、森の山荘で雷に遭遇した。

電話は通じないし、冷蔵庫にもシャワートイレにも庭の木々にも雷は暴れて落ちまくり、この年になって初めて人は自然には到底かなわないものと身に沁《し》みてわかったのです。

恥ずかしながら、生まれて初めて森の雷は横に走るものだとも知った。

人は、自然には太刀打ちできないほど弱い存在。

しかし、フランスの思想家パスカルの〝人は考える葦である〟ように、人間は考えることができます。

自然界ではすぐ折れるか弱い植物の葦。

人は自然界では1本の葦にすぎないけれど、されど、パスカルが言った、〝考える葦〟なのです。

葦と違い、人は考える力がある。

だから、知恵をどう使えばいいか、その弱さを補う方法を考えるのです。


さっそく、ろうそくにマッチで火をつけ部屋の明りを確保し、暖炉《だんろ》で薪《まき》を燃やし、アルミホイルに包んだジャガイモやサツマイモを放り込む。

とりあえず、翌朝の食料と水を確保しておけば、停電が続いても少しは安心できる。

森の中の原始民族の自給自足生活には足元にも及びませんが……。

今持っている知恵をフル回転させて生き延びる方法を考える。

森の夜の突然の出来事は、いろいろなことを教えてくれたのです。

人は考え続けるから進歩してこれた。

これからも人は弱いがゆえに考え続けながら生きていくのかもしれない。

でも、これから地球とともに何十億年も人類は進歩しながら生き延びることができるのかどうか。

夏の招かざる雷の来訪に、ふとそんな弱気なことも考えてしまったのです。

生花を飾る

部屋をきれいにした後、一輪でも生花があれば、心が和らぐ。

しかも部屋中の空気が澄んできれいになり、さわやかな気分に包まれます。

生花は生きているので、必ず落ち着くような定位置が必要で、花の種類によっては住み心地の良い場所を選ぶ。

風通しの良い、直射日光が当たらない場所が、わが家の生花や鉢植えの指定席。

考えれば、以前飼っていた犬のドンキーの好む場所でもある。

カレは、部屋の中で、風の通り道を見つけるのが上手で、夏は涼しく、冬は暖かい特等席を選び、必ずいつも決まった場所にゴロンと寝ころんでいた。


わが家の玄関わきには、ユリかカサブランカの花と決めている。

白い色は、勇気と元気を与えてくれ、玄関に漂うさわやかな香りは、外で疲れた身体と心を癒してくれます。


仕事机の横には、元気が出る黄色い花を好んで活ける。

なんとなくエネルギーが湧いて、元気が出て、疲れをあまり感じない。

それに水をこまめに取り換えるだけで、カロチンを含む黄色の花は、他の色の花と比べ長持ちするような気がするのです。


食卓の上には、白やピンクの香りの少ない花々を小さく活ける。

少しでも、手作りの料理が美しく映え、美味しくいただけるよう、あくまでも生花はわき役なのです。

花は、不思議なもので、「おはよう」、「ただいま」と声をかけると人のように反応し、元気で長持ちするような気がします。

枯れた葉や茎を切りながら、まるでペットが相手のように話しかけると、自分もなんだかエネルギーをもらって元気になれそう。

街で、仕事や買い物帰りに花を抱えている人を見ると、「どこに飾るのかしら」、「誰かへのプレゼント?」など、その人のていねいな暮らしぶりや気配りがあれこれ思い描かれ、つい心が躍ってうれしくなってしまいます。

処分するのは、ものを粗末にすることとはわけが違うのです。

今の自分に必要か、ときどきチェック

デパートの包み紙。「きれいだから」「記念になるから」、「何かのときに使えそう」と何十枚も溜めこんで取っておいても、一度使った古紙の使える場面は限られるし、しまう場所もいる。

さらに、いったんついたシワは、人同様、いくら伸ばしても新品にはけっして見えません。

収納場所は、1枚の紙袋だけと決め、入りきれないものは古い順に捨てていく。

そうすれば、「いつか要るかも……」の精神的不安も満たされ、「使い捨てずにとっておく」ので、ものをていねいに扱っている気分にもなれる。

思い出の品は、多ければその分過去と自分とを縛り付け、新しい何かをする気力や行動の妨げになりがちです。

今の人生にとって価値があり、楽しく、過去に縛り付けられることのないホドホドの量を持つことが大切です。

今の自分に必要なものかどうか、定期的にチェックし処分すれば、数が増えることもない。

思い出のものに執着することは、過去の自分にとどまっていることだと自覚する。

〝余分な物欲から自分を解放する〟毅然とした方法や習慣は、その人の高尚な知性ともいえる。

キッパリと処分したものは、ほとんど二度と必要でなくなるものが多い。

もし、万が一必要なときは、処分したものよりもっと質の高いものが手に入るかもしれないと想像してみるのもいいかもしれません。

さらに、この世を去るとき、何人《なんぴと》も何も持っていけない。

残りの人生をさらに充実した素晴らしいものにするため、余分な物欲は徐々に捨て去ることです。

持っているものも減り、部屋も身の回りも清らかに整理されると、〝見えなかった大事なもの〟が見えるようになるかもしれません。

つましく、ていねいに、おしゃれに生きる

いつもの散歩の途中、独り暮らしの老婦人の家があります。会えば「おはようございます」、「寒くなりましたね」などのあいさつを交わすくらいのお付き合いだが、感心するのは、そのつましくていねいな暮らしぶり。

もちろん、87歳になってもおしゃれ心は忘れていない。早朝、玄関に新聞を取りに出る彼女の髪は、いつもきれいに櫛《くし》が入り、まるでセットをしたばかりのように後ろで上手に丸め束ねてある。

お化粧は薄く塗った口紅とピンクの頬紅くらい、服装も普段はブラウスにスカート、首元にはスカーフや金のネックレスをつけ、寒いときは暖かそうな手編みの毛糸のセーターをさりげなく羽織っている。

早朝の彼女の凛《りん》とした姿を見るたび、「どうせ、玄関までだから」と、いい加減に髪をブラッシングしたまま、あわててゴミ出しに飛び出す我が身が恥ずかしくなる。

通りに面した小さなキッチンの窓からは、朝夕、温かい料理の匂いが漂い、独り暮らしだからといっても食事はきちんと自分で作っているらしい。

自分のためにおしゃれを心がけ、自分のために美味しい手作りの食事を作る。

自分を大切にしているからこそできることかもしれない。


あるとき、森の家から持ち帰った大根やキュウリを「新鮮ですから」と差し上げたら、「重い野菜は助かります」と目を細めて喜んだ。

数カ月して、今度は彼女から「いただきものです」と小ぶりのマスクメロンを1個もらったとき、あの夏野菜のお返しかな、とあとで気付いたくらい野菜の件はすっかり忘れていた。

年下の私がとっくに忘れていた「ほんのお口汚し」程度の野菜。

87歳の老婦人はしっかりと記憶にとどめていたのです。

数カ月後、ちょうど頃合いを見計らったように、そっとお返しをする。

相手の負担にならないよう心のこもった上品な〝お返しの作法〟。

いただいたマスクメロンを食べながら、その老婦人のていねいな心配りが甘い果汁のようにジワッと身体中に広がっていったのです。

高齢になると、「どうせ、年寄りだから」と、まったく化粧や服装に無関心になってしまったり、周りへの細かい気配りも「面倒」とあきらめたり、身の回りの世話を他人任せにしがちだ。

「どうせ……だから」を連発するようになると、ますます老いが進み老醜が漂う。

何事もつましく、おしゃれ心もあり、周りへの配慮も忘れない。

このご婦人の辞書には、これから先１００歳になっても、「どうせ……だから」の言葉は見つからないような気がする。

だから、いつまでも凜として若々しく元気なのでしょう。

清潔な大人のおしゃれ

何歳になっても、いつもシンプルで清潔なおしゃれを心がけたい。

日本人であることに誇りを持ち、季節感と少しの流行を取り入れる工夫も大切にします。

個人的には使ったばかりの石鹸の香りがいちばん好きですが、出かけるときは、お気に入りのオーデコロンを少量だけパンツやスカートの裾につけることもあります。着ている衣類が揺れ動くたびに、ほのかな〝残り香〟をその場に残すことも源氏物語のお姫様のようで、優雅ではありませんか。

香りだけではなく内面のおしゃれも心がける。

いつも、前向きに何事にも積極的に取り組み、身の回りへの気配りを意識し、毎日をていねいに過ごす。

これだけでも十分、心のおしゃれな装いと言えます。

直接他人の目に触れる洋服は、色も大切だが、素材の良さにこだわる。

最近は若者を中心に着るものの季節感があいまいになっていますが、昔から日本人は四季を大切にし、その季節に合った素材を身につけてきました。その心も大切にしていきたい。

着物も夏は単衣《ひとえ》、盛夏には絽《ろ》や紗《しゃ》を着て、見た目も着た感じも涼しく過ごし、冬は綿を入れて温かくして厳しい寒さをしのいだ。

暑い夏、麻やコットンのような素材は、汗を吸収してくれ、なんといっても肌触りがよく身体にも心にも心地いい。

寒いときは、コットンとウールや絹などのような違う素材のものを重ね着すると身も心も温かく過ごせます。寒いときなど軽くておしゃれなダウンジャケットも便利で重宝します。


洋服を選ぶときは、できれば、天然素材を中心に選ぶようにしている。

100%でなくても、化学繊維を含んだものでも、ウールやコットンが混じっているか表示を見て確認し、手の感触で肌触りをチェックする。

天然素材は、日本の気候風土にも合い、身体にもやさしいので、着ると四季折々の自然を肌で感じられます。

仕事を持っているので、スーツの色は、黒やグレーが中心ですが、将来仕事を離れても、たまには洋画の中に出てくるようなシックなスーツと首元の真珠でばっちり決めた老婦人の品のある装いもしてみたい。

夏は白、秋はこげ茶色など、季節色のメリハリをつけ、見た目も自分も気分転換をする。

スーツのインナーには、若者向けファストファッションブランドのH&MのTシャツやZARAのブラウスを選びます。

そのときどきの流行のデザインや色が、コーヒー2杯分の値段で楽しめるし、気持ちも若返り、30年以上前にタイムスリップしたようでワクワクします。

ドイツやイギリスに住んでいた頃、季節を問わず、朝晩の温度差に大判のスカーフやマフラーが1枚あれば夜も温かくて便利なことを知った。

今でも重宝しているのは、大判のカシミアやウールのスカーフ。

1枚あれば、急に寒くなってもあわてず、薄いブラウスやセーターの上から羽織ればエレガントでしかも温かい。

乗り物で移動するときもひざ掛けになって重宝します。

スワトウのハンカチ

いつの頃からか、ハンカチを持つなら白、それもスワトウと決めるようになった。買うときはかなり高額ですが、かれこれ20年以上使っているものが数枚あるので、とっくに〝減価償却〟しています。

スワトウのハンカチは、中国（汕頭）からのお土産にいただいたものを使い始めたのが最初かもしれない。

そのシンプルで優雅な貴婦人のような手刺繡《ししゅう》に魅せられ、しかもどんな洋服にもどんな場面にも違和感なく、なんど洗っても手でシワを伸ばして陰干すれば、アイロンなどの手間もいらず、いつも新品同様に使えるのが気に入った。

花や鳥など自然をモチーフにしたデザインも豊かで、手の込んだ手刺繡になるとかなり高額ですが、手入れのしやすいシンプルな模様で安価のものがおしゃれで実用的なのでお気に入り。

長年、いつも同じ種類のハンカチを〝一点張り〟のように使っていると、たまにはうれしいこともあります。

それとなく好みを知った知人や友人たちから汕頭のハンカチをプレゼントされるのです。

人が何気なく使うハンカチは、本人以上に他人が意識し、気にしているのかもしれません。特に女性の持つハンカチは。

手持ちはいつも数枚あれば十分ですが、大好きなスワトウのハンカチだけは〝定量オーバー〟でもいいかなと、ときどき眺めては自分を慰めている。

大和言葉

「ようこそ、わざわざお運びくださいまして……」
あるとき、知り合いのお宅に伺ったとき、私を玄関口で迎えたその白髪の老婦人が笑顔で口にした言葉、その上品な響きに心から魅せられてしまった。

このひと言に、今流行の〝おもてなし〟の気持ちがすべて表れているようで、婦人のこの言葉が湧水のように心に滲《し》み入んでいったのです。

「お運び」は、ものを運ぶのではなく、お客様の〝足を運ぶ〟。

客が来てくれたことだけではなく、それに費やした労力や時間にも感謝する気持ちがこもっています。

雨の日など「お足元の悪い中」を付け加えるだけで、相手を思いやる心のこもったあいさつになります。

日本人がふだん話す言葉には、〝漢語〟、〝外来語〟、そして日本人が育《はぐく》んできた〝大和言葉〟がある。

四季折々の季節を感じながら、日々の暮らしにやさしくていねいに根付いた〝大和言葉〟の美しい響き。

日本人ならではの気配りが込められ、相手の心の奥深いところまで通じる言葉だと思う。

かつて同窓会の長を務めていたときのパーティで、「本日は多くの皆様のお運びをいただき、心からお礼申し上げます」とあいさつしたら、あとで大正生まれの大先輩に、「ずいぶんと格調高い言葉を知ってるねえ……」と冷やかされてしまった。

だれも聞いていないと安心していたのですが、さすが国文学者だけあって、その大先輩は人が話す言葉のひとつひとつに関心を持ち耳を傾けていたのだろう。

言葉は外に現れる人の表の心。

裏の心が伴わないと空々しく、重さに欠ける。

聞く人によっては、伝統と趣のある〝大和言葉〟でも、まだまだ自分の身についた言葉になっていなかったと心から深く反省したのです。

「お運び」同様、いつかどこかで聞き知った「ようこそ」を「ようこそのお運び」と使ってみたい気がするが、まだまだいつもの自分とかけ離れている気がして、使う勇気もなく、いまだに記憶のお蔵に入っている。

人の心を打つような美しい〝大和言葉〟を自在に駆使できるようになるには、この年になってもまだまだ修行が足りません。

あたたかい働き方

会社をつくって29年。

昔も今も、わが社で働くスタッフたちとの多くの悲喜こもごもの出会いがあり、数少ないけれど、心温まる懐かしい思い出もある。

長く勤めてもらってもあまり印象に残らない人、数年でも心の奥にいつまでも残る人など。

年を重ねた分、語りつくせないほどのさまざまな働き方や生き方を目にしてきました。


Aさんがわが社で働くようになったのは、20年前、たしか20代後半の頃。

会社の経営もようやく落ち着いた頃、秘書兼庶務業務の新聞広告で応募してきた。

詳しいことは忘れたが、なにかの事情で東北から出てきたばかりとかで、色白の物静かな感じで、手入れの行き届いたセミロングヘアーを肩までたらし、美人ではないけれど、どこか人を引き付けるなにかがある印象を持った。


あるとき、彼女の淹《い》れたコーヒーの味がいつもどこか違うのに気付き、「いつも美味しいコーヒーね、なにかコツでもあるの」とお礼を言うと、実はコツがあるという。

インスタントコーヒーは、まず熱湯を少量注いだら、よく混ぜ、それからお湯を少しずつていねいに足していく。

「こうするとインスタントでもかなりマイルドで美味しい味になるのです」

なるほど、彼女の淹れた日本茶もコーヒー同様美味しい。

お茶くみも仕事のうち。何事も、集中しててていねいに心をこめてやる。

見ていると、お茶くみ同様、仕事ぶりもていねいで、書類も処理する順番にすぐわかるように整理され、用事を頼んでもてきぱきと速い。

一度使った用紙も裏が白紙の場合、きちんと同じサイズに切ってメモ用紙にまとめて使う。

他人をよく観察し、「少しお疲れではないですか」と私への細やかな思いやりや気配りを忘れない。

彼女なら家庭も上手に切り盛りでき、幸せな人生を歩めそう。

やさしくていねいで確実な仕事ぶりを見ていると、ふとそんな気がした。

3年後、親の介護で郷里へ帰ることになったと、ポロポロと流した彼女の大粒の涙を今でもはっきり覚えている。

付き合っていた売れないミュージシャンの恋人を残して田舎《いなか》へ帰りたくなかったのか、仕事に未練があったのか、心の内はわからなかったが、Aさんの複雑な涙を見て、「ほんとうに残念……。でもお元気で」としか言えなかった。


ときは流れ、最近観たある日本映画。

岬の小さな喫茶店主を演じる老年の女優さんが、「おいしくなあれ、おいしくなあれ」とつぶやきながらコーヒーをていねいに淹れる場面があった。

観ているうちに、ふと、「どうしてるかな」とAさんの〝やさしいコーヒーの味〟が懐かしくよみがえってきたのです。

感謝の気持ち

朝起きていちばんにすること。

目が覚めればそのまま、両手両足を大きく伸ばしながら「ありがとう！」と大声を出します。
「今日も無事に目が覚めて、ありがとう」
「今日も1日いい日でありますように、ありがとう」

1日の始まりに、感謝の言葉を、自分の脳細胞にたたき込む。
そうすれば、身体に元気ややる気がみなぎり、「ありがとう」と感謝するような素晴らしい日々になるような気がする。

何でもない日々の暮らしの中で、〝呼吸をしていること〟、〝考えることができること〟などを「ありがとう」と感謝する気持ちは、1日の始まりにとても重要な意味も持つ。その日の朝いちばん、何を考えたかによってその日1日の自分の行動が違ってくる。

たまに予定の時間より早く目が覚めたときなど、「ありがとう」と大声を出す前に、これまでの人生で最高に感動したことや感謝したことなどをあれこれ思い浮かべることもあります。

数年前、デパートの抽選でアメリカ旅行が当たり大興奮したことなど……。「ありがとう」で始まったその日の夕方、コンビニの抽選で2等賞（コーヒー1本でしたが）が当たったこともあるのです。

当たりクジなどの俗世間的な感動も心がワクワクしますが、本で読んだ気持ちを高める言葉を思い浮かべ「今日も頑張る！」とやる気を引き起こしたりすることもある。

禅語に、〝安閑無事《あんかんぶじ》〟という言葉がある。

言葉通り、何もなく穏やかな状態を言う。

現実の日々は、その通り平穏にはいかないことが多いのですが、それでも心配事もなく静かな毎日を送りたいもの。

人生には刺激的な冒険をすることもたまには必要ですが、何でもない淡々とした普通の生活を心から「ありがたい」と、1日1回は感謝する習慣を持ちたいと思っています。

〝ふたりの自分〟をつくる

そうじのプロはいつも〝客観的な目線〟で作業をする。

自分本位の〝主観的な目線〟だと、気になる1カ所はきれいになっても、角度を変えればやり残しの場所があったりして、他人から見て「少しもきれいになっていない」ことがあるのです。

つまり、自分から見た〝主観的目線〟と他人から見る〝客観的目線〟にはかなりのズレがある。

そのズレを意識し、注意を払えば、ほとんどのそうじの結果は合格点をもらえるのです。

客観的目線は、生きていくうえでも役に立つ。

人生や仕事の失敗、失恋や別れなど人生のさまざまな出来事でどうしようもなく落ち込むときがある。

そんなとき、主観的に思い込むと、否定的な考えばかりが浮かび、ますます失意のドツボにはまってしまう。客観的に考えられなくなり、自分にはとうてい手に負えない大問題に思えてくるのです。

ほとんどの大問題は、あとで考えると「どうしてあんなに深刻に悩んだのかしら」と一笑に付すようなことが多いもの。

どんな状況になっても自力で脱出するためには、自分の心の中に、〝主観的な自分〟と同時に〝客観的な自分〟を持つことにしています。

「これですべて人生は終わり」と〝主観的な自分〟が絶望の淵《ふち》で頭を抱えていると、横から〝客観的な自分〟が「そんなことはない。大丈夫!」と励ましてくれる。

すると、主観的な思い込みによる苦しみや悲しみ、つらさが和らぎ、「何とかしよう」と今の悩みを解決する勇気がどこかから少しずつ湧き出てくるのです。

つらくてどうしようもないとき、主観的な自分が「どうすればいい?」と客観的な自分に尋ねる。

すると、客観的な自分が「こうすればどう?」と答えてくれる。

こんなやりとりを心の中で繰り返しているうちに、心のモヤモヤが、霧が晴れたようにスーッと消え、理性的な解決法が生まれ、ふしぎなことに、物事が正しい方向へと進んでいきます。


〝客観的自分〟と〝主観的自分〟。私にとって大切なふたり。

老いてますます、この心の中のふたりの自分は、これからも人生の辛苦を共に闘う大切な戦友です。

叱られ上手

長い間、そうじ・家事サービス業という個人のお客様を相手にした職業にかかわっていると、お客様からのさまざまなお叱りというクレームがついて回り、それが人生勉強につながり、会社の成長を助けることが多い。

お客様は大切にしますが、神様ではありません。

持ちつ持たれつ共存共栄の立場だと思っていますが、心を込めてサービスをした結果、お叱りを受けた場合でも、その理由は必ずあるはず。

お叱りはどんな場合でも、真摯《しんし》に受け止め、会社も人も、叱られ上手になることで成長がある。


相手側の虫の居所や勘違いでお叱りを受けることがある。

もちろん、現場のスタッフのミスや事務対応のまずさが原因の場合もあります。

当方のミスで不愉快な思いをし、お叱りをいただくのは当然のこと。

理由がわからない唐突のお叱りの場合でも、謙虚な気持ちを忘れない。

どんな場合でも、まず「申し訳ありませんでした」と相手に不愉快な思いをさせたことに心から謝る。

相手の言い分をよく聞き、何が問題で、何をどう解決すればいいかを相手の立場で考える。

聞きながら、叱られるそれなりの理由を考えるのです。

こちらにそれなりの反論がある場合は、相手の話を十分に聞いてからにする。

家庭でも社会でも叱られるにはそれなりの理由があるのです。

最近の若者は、叱られることに慣れていないせいか、〝すぐ泣く〟、〝ふてくされて返事もしない〟、〝謝る前に弁解する〟、そして〝落ち込んでトイレから出てこない〟、最後に〝こんな会社、辞めた！〟となる。

自分がかわいいのはわかるが、このような態度は自分の未熟さを証明するようなもの。

「すみません」と謝りながら、その原因を冷静に分析し、ほんとうの失敗なら心から反省し、二度と同じ間違いを繰り返さない努力をする。

相手の勘違いなら、「すみません」と謝りながら、この場合相手を怒らせた現象に謝っていると自分を納得させ、最後にゆっくりと冷静に理論的に説明し反論する。

納得いかない内容によっては、相手とは将来、自分の方から心の距離を置いて接するのもいい。無理難題の顧客には、こちらからていねいにサービス中止のお断りを入れることもある。


どんなときでも、叱られたからと必要以上に落ち込まない。

年を重ねるごとに、悲しいことに叱られることも少なくなる。

叱ってくれる人がいるだけ、まだまだ見かけ（！）は若い、と安心する。

他人から、ガミガミ言われるのは、自分に関心を持ってくれている証拠、それだけでも喜ばしいことかもしれないのです。

人はひと、自分はじぶん

人の感情の中で、厄介なものは〝嫉妬〟かもしれない。

会社を創業して数年経った頃、「なぜ、お宅だけがマスコミに取り上げられるの！」と見知らぬ女性からの電話があった。

当時、そうじ代行会社は珍しく、キャリアウーマンが会社をやめて起業した、といろいろな雑誌や新聞に取り上げられました。

その数をお金に換算すると当時のレートで億単位になる、と広告代理店の友人は驚きながら教えてくれました。

今でこそ女性の起業家は掃いて捨てるほど多く、珍しくもなんでもない。

しかし当時は、安泰とした定職を投げ捨て、そうじという女性の〝思いつきに過ぎないアイディア〟（本人は熟慮したつもり）に背水の陣で飛び込んだことが、男性の目にも勇ましいニュースに映ったのかもしれない。

自分も同じようなことをやっているのに「どうして？」とその女性は不満をなんども口にした。

聞くと、彼女の会社は、自宅で開業、家賃も要らず、主婦業との兼業のようだ。

「あなたと年齢は近いが、私の方がずっと主婦歴は長いし、それにそうじの経験も豊富。それなのに、どうしてあなたばかりが……。マスコミで注目されるの」と電話の向こうで「なぜ？」と不平を漏らす。

聞いているうちに、〝同じ女性〟に違いないが、こちらは生きるか死ぬかの瀬戸際で背水の陣で戦っている（今考えるとすこし大げさかもしれないが、当時は本気で考えた）。

家賃も人件費も払わなければいけない。

他人と比較しうらやましいと思うヒマもない。

寝ても覚めても、どうすればうまく行くかを考えなくてはならない。

マスコミから見れば、そんな髪振り乱し断崖絶壁に立った〝冒険ダン子〟の姿が面白いし絵になったのでしょう。

ときとして「嫉妬」は、重くどろどろした感情に発展する。

人の成功をうらやましいと思う感情をそのままにしていると、アメーバのように増殖し強まって、ネガティブな感情が心にこびりついてしまう。

実際、その頃の私は成功とはいえない未知の世界をさまよっていたにもかかわらず、マスコミに追われる毎日。その姿は彼女のうらやましい「嫉妬」の対象になったのだろうか。

「もう静かに、そっとしておいてほしい」

マスコミに対するこの気持ちを彼女にはわからないかもしれないとも思った。

「他人のことよりも、自分は自分、そう思って自分流のやり方で頑張ったらどうですか」、そういって電話を切った記憶がある。


「うらやましい」という感情は、誰にでもある。

それをいかにコントロールするか、難しいかもしれませんが、大切なこと。

嫉妬はもともと相手の〝成功度〟、〝幸運度〟、〝優秀度〟を認める気持ちがゆがみ、「妬《ねた》ましい」となるのです。


誰かをうらやましいと感じたら、素直に良さを認め、心から相手の幸運や成功を喜ぶ〝フリ〟を脳にインプットする努力をするといい。

最初はむずかしいかもしれませんが、心から喜んでいるようにふるまっていれば、やがて心の底から「人はひと、自分はじぶん」と思うようになります。

やがて、「うらやましい」のマイナスな気持ちを、「私も負けないで頑張ろう！」と前向きのエネルギーに変えられるのです。

聞き上手

年を重ねると、人の話を聞く忍耐がなくなる人が増えるようだ。

とくに独り暮らしをして、毎日ラジオだけ相手に過ごすようになると、妙に人恋しくなり、たまに人と話す機会があれば、相手かまわず延々と話し続ける。

とはいっても、人それぞれ、高齢になってもかなりの〝聞き上手〟もいる。

76歳の知人は、いつも人の話を「ホーッ、それで……」と真剣に耳を傾け理解しようとしてくれる、というよりフリ？　をしてくれる。

聞くと、1日5人以上と話すことが目標だそうだ。

多いときには10人以上になることがあるという。

ラジオやテレビはＮＨＫのニュースだけ。読書が趣味で新聞は数紙、スミからスミまで読む。

必ず外へ出かけて、知らない人にも話しかけることがあるらしい。

先日何かの会合で会うと、「きのう話した人は８人。１日のノルマ悠々解消です。ワハハハ……」と元気に笑っている。

ある日は、新宿のホームレスの身の上話を延々１時間以上も聞き、「大変ですわ」と苦笑しながら、「最近のホームレスはインテリが多い」と話の内容を面白おかしく話してくれる。

その知人は、〝聞き上手〟であると同時に、「この人の話を聞くと楽しい」と誰もが思う〝話し上手〟。

人は誰しも、よほどの変人でない限り、他人から理解されたい、認められたいと望んでいます。誰かに自分の話を聞いてもらうと、すっきりし、ストレスが解消するような気がします。

相手に理解してもらおうと思えば、知人のように理解する人になるのがいちばん。

76歳の知人の聞き上手の秘訣《ひけつ》は、相手の話をさえぎらないで最後まで聞くこと。話を聞きながら、適度に相槌を打ち、話の最後に「なるほど。それは結構ですなあ」と理解した気持ちを言葉にすること。

なるほど。

〝わかっているけど〟と私は心でつぶやく。

いまだに、せっかちで、「それで、話のポイントは?」などと話の途中で腰を折るクセがある私は、まず〝聞き上手〟になることが、好かれる高齢者になるための当面の課題かしら。

4

心軽やかに生きるために

——感情の手放し方、受け取り方

いくつになっても、明日への希望を捨てず、
いつも夢見て、自分をよく理解し、
自分らしさを磨いていたい。
勇気と情熱を持って、
身近な小さなことを活かし、
ていねいに人生の知恵を
〝かけ算〟して膨らませていく。

勝ちっぱなしの人生はない

中高年も過ぎ、老年にさしかかってわかること。

それは、どんな人生も程度の差こそあるが、天候と同じ。

照る日、曇る日、雨の日、風の日、そして嵐や台風、最近は竜巻も起こる。

冬が来れば必ず春が来るように、悪いことが起こっても、必ずいいこともある。

嫌なこと、心配事があっても、じっと我慢し耐え忍べば、やがて霧が晴れて未来が開ける。

明けない夜はないように、人の人生に、勝ちっぱなしも負けっぱなしもない。

どんなに恵まれた生活をしているように見える人でも、それなりの悩みを抱えて生きている。

お金があるからこそその苦労や悩みもあるだろうし、貧乏生活の方が気楽で楽しいこともある。

そうじサービス会社を始めた頃、生きるため、毎日髪振り乱してよそのお宅の汚れと向き合っていた。

最近は誰もが家事サービスを利用する時代になったが、当時はまだまだ一般家庭に浸透していなかったせいか、伺うお宅はビックリするような豪邸ばかり。

高価そうな調度品が惜しげもなく並ぶ広々とした部屋に掃除機をかけていると、自分の狭いマンションの部屋がうら寂しく悲しく思いだされ、さすがの楽天家の私も、その生活の〝格差〟に、これまでの小さな自信がどこかに消え入りそうになった。今思うと、人生は、お金がすべてではないのに……。

あれから29年、最近、あの豪邸の前を偶然何かの用事で通りかかったとき、なんと家は取り壊され、空き地は公園になっている。

土地を寄付したのか、納税ができなかったのか。

いろいろと勝手な想像が頭に広がります。

栄枯盛衰は世の常、今日の〝勝ち〟の主役は、明日になれば〝負け〟の主役になるかもしれない。

あの頃の〝勝ち負け〟の未熟な気持ちを今思うと、「若かったのね」「人生、お金がすべてではない」と心から恥ずかしくなってしまう。

今なら、部屋が狭い、お金がないなどと気にしないし、他人をうらやまない。他人のことは気にしない、気にならない。自分は自分だから。

〝勝ち負け〟なんて、ほんの一瞬の出来事。

年を重ね、それなりに知恵を重ねた今、よくわかるのです。

今日が終われば、また新しい明日がやってくる。

今から100年経てば、もちろん私は生きていないし、ましてや地球だってどうなっていることやら。

自然は見て、感じるもの

田舎の里山育ちのせいか、自然に接し感じるのが好き。

四季折々の草花や木の葉の色彩の移り変わり、ふと見上げた空の青さや高さに季節の移ろいを見つけ感動する。

野原の虫や野鳥たちの規則的な音色や歌声は自然が奏でる音楽。

大自然の音色は、心のセラピー、頬《ほお》をやさしく撫《な》でる風の感触は、最高の心地いい自然のエステとなる。

はるか遠い昔の子どもの頃、1日の終わりは、カラスの鳴き声と夕焼け小焼けの歌声が合図。

素朴な子どもの思い出の数々は、額に入れた古い水彩画。

まるで昨日の出来事のように色褪せながらもはっきりと心に染みつき残っている。

東京暮らしも年を重ねた分長くなった。

大都会の中でも、その気になって探せば、自然はいたるところで見つかります。近くの公園や神社など、緑豊かな場所では、〝ミニ森林浴〟ができる。小さな樹木に手を触れるだけでもいい。目を閉じると樹にふれた指の先から自然の大いなるエネルギーが電流のように身体中に流れ込んでくるような気がします。

夏の週末、疲れると時間をやりくりし、できるだけ都会を離れ、森で過ごす。森が好きなドイツ人のように、森の中をどこまでも歩く。

ドイツでは都会の片隅に必ず小さな公園や森があり、朝夕、人々は散歩に出かけ、疲れたらベンチに座り、行きかう人をながめて過ごす。

森の中を歩いていると、土を踏みしめる足の裏から身体に自然の息遣いを感じることがある。身体全体が森のエネルギーで満たされていく。

風が木々の間をぬって歌うように木の葉を揺らし、名も知らない野鳥の声や虫の音、小川のせせらぎが耳にやさしくささやきかける。

森で過ごすと、都会の暮らしで眠っていた野性の感覚が少しずつ目覚めていく。

〝自然に帰る〟。ときには必要で大切なことかもしれない。

年輪を重ねた樹木がはきだす透明感溢れる森の空気や香りを全身に浴びながら何度も自分にいいきかせる。

森を感じ、その深い自然の懐に抱かれていると、悩みや疲れ、苦しみがとても小さな存在に思えて心が軽くなっていく。

森の香りの〝フィトンチッド〟や森にある〝マイナスイオン〟にはリラックス効果があり、森林浴をすると、がん細胞を防ぐ、〝NK（ナチュラルキラー）細胞も増えるという。

やはり、大自然の懐はまだまだ深い。

サムマネーを大切に

人生には3つのものがあればいい。それは、〝希望〟、〝勇気〟、そして〝サムマネー〟。

チャールズ・チャップリンの言葉です。

人生、お金がすべてではないが、生きるためのサムマネー、いくらかのお金は必要です。

大金でなくても収入に見合った蓄えは、たとえ少しでも希望や勇気の支えになり、冒険の背中を押してくれることがある。

29年前、会社勤めを辞め、ひとりでそうじサービスというベンチャーの荒波に船出したとき、それまで蓄えていたわずかなお金があったからこそ実現できたのです。

毎月の生活費は、月々入る収入でまかなうのが基本だと思っている。

自分の月ごとの収支のバランスを考え、身の丈に合った生活を心がけ、旅行やレジャー、贅沢品に使うお金は貯金の中からひねり出す。

収入が減って、貯金の額が足りなければ、贅沢や旅行をカットすればいい。

自分にとっては、収入が多くても少なくてもお金の使い方の基本は同じですから。

その昔、事業を始め、収入がゼロに近くなったとき、心がさみしくなる窮屈な節約は性に合わないので、上手にお金と気持ちをコントロールすることを考えた。

これまで、必要でないものを「安い」とか「かわいい、きれい」とかの衝動で買うことが多かったが、「必要でないものは買わない」と決めた。

この習慣は、買う目的がはっきりしているのでチマチマした節約感はなく、我慢する気持ちも薄れ、ストレスも溜まらない。


少しはお金にゆとりができた今、〝欲しい〟と思っても、それに「必要なのかどうか？」の自問自答が加わる。

「欲しくて必要」なものなら、値段を気にせず買うことがある。

「必要で気に入った」ものが高額なら、なおさら、ていねいに手入れをして長く使う。

買ったときは高額でも、長く使えば〝安物買いの銭失い〟とならず、結局上手なお金の使い方をしたことになるのです。


心地よい暮らしは、ストレスも溜まらず快適で、心が充実し、〝不要なもの〟は衝動買いしなくなるので、自然と小金が貯まる。

お金を上手に使うとは、メリハリのある使い方をすること。

超豪華なディナーの翌日は、ありあわせの材料で手作りご飯を食べる。たえず、週単位でメリハリ支出を心がけ、収支を合わせる。

こうすれば、いつのまにかストレスや悲愴感なしに自然にお金が増え、暮らしも心も豊かに過ごせます。


収入が多いのに貯金が限りなくゼロよりも、収入が少なくてもそこそこ貯金がある人生が幸せだと思う。

お金は黙って寝てればいくらでも入ってくるわけではなく、〝稼ぐに追いつく貧乏〟はない。できるだけ汗を流して、自分のため、世のために働く。

毎日のていねいな暮らしと小銭を大切にする生き方が、将来の大きな支えになる〝サムマネー〟になる。

私のつたない人生経験が教えてくれたことです。

たまには、少女の気持ちで

少女のような雰囲気がおありですね。

あるとき、付き合いのある若い編集者に言われた。

いまどきの少女がどんな雰囲気なのかは想像もできないが、彼女のイメージでは、ときどき私の行動が「かわいい」と思えるらしい。

この私が、少女のように？

四角四面でちょっと外れたことを言えば、キーッと睨《にら》まれそうで怖い。

最初、そんな真面目で堅苦しい〝先生〟を想像していたが、意外とラフで自由な雰囲気で話が弾むし、面白い、と彼女。

たしかに、私は楽しいことが好きで、茶目っ気があるとよく言われるの。

普段の服装は、若者の好む安物のTシャツやジーンズで気取らないし。

しかも、「セールでゲットしたの」と、顔を紅潮させ得意げに話すところが大人げなくかわいいらしい。

年長者でも、いちおう女ですから、かわいいものには目がないのです。私から「コンビニで週刊誌を立ち読みする」と聞いたとき、その姿を想像し、思い描いていた姿との大いなるギャップに、かえって親しみを感じたらしい。

そう、人は見かけによらず。生き方や性格は、仕草や行動に現れるのです。

健康や人生をあきらめたとき、人は年をとる。年齢ではないのです。

いつも、少女のようでありたいと心がけているが、人生の辛苦を経験した年になった今、表と裏の現実を知りつつ使い分けながら、それでも純粋な心も大事にしたい。

〝人生は小説より奇なり〟。

願ってもその通りにならないことも多い。

されど、ドラマの主人公のように心をワクワクドキドキさせながら生きてみたい。

そのために、空が大好きな私は、1日1回必ず空を見上げる。

無限に広がる大空を全身で感じると、ストレスがどこかに消え、うれしいことや楽しいことが倍増し、前向きのパワーも生まれる。

どんなときも心が曇らないよう、いつもピカピカに磨き、毎日、心ときめく何かを探して生きている。

これが〝少女〟のような摩訶不思議な元気行動の秘訣かもしれません。

心の〝隠れ家〟

仕事も家事も、毎日の何でもない慣れ親しんだことの繰り返し。

ときには「こんなことでいいのか」と自分に問いかけたり、人生が急にむなしくなって心がさみしく落ち込んでしまう。

こういう瞬間は、誰でも経験すること。

そんなときのため、私は、自分のための〝隠れ家〟を持っている。

〝隠れ家〟と言ってもお金のかかる大げさなものではなく、心静かに落ち着いてひとりでいられる自分だけの特別の場所であれば何でもいい。

散歩を兼ね、近くの公園のベンチで手作りのサンドイッチを食べてもいいし、風が心地いい緑豊かなオープンカフェで美味しいコーヒーを飲みながらの読書もいい。

道行く人々の服装をながめて過ごすのも目の保養になって楽しい。

いつもの場所から離れ、居心地のよい静かな場所ならどこでも自分の大切な〝隠れ家〟になる。


外だけではなく、わが家にも〝隠れ家〟がある。

陽の光を浴びながらキッチンの隅の小さなテーブル。

そこで書き物や編み物を一心不乱にすると、気分転換になる。

リビングのランプの淡い光の下で音楽を聴きながら、ワインのグラスを傾ける。

飼い犬のように、部屋でいちばん落ち着く場所を見つけたら、そこが自分だけの隠れ家となるのです。


セールスの押すチャイムの音も気にせず、電話にも出ず、自分だけの自由な時間を自分のために好きなことをして費やす。

外の世界を締め出し、孤独に浸る。

そんな沈黙の時間は、ほんとうの自分を見つめるチャンスになり、心にパワーが充電され、いつのまにか、穏やかな気持ちになり、自分にも他人にもやさしくなれるような気がするのです。

忘れ、許す心

何歳になっても凡人は、恨みやつらみ、後悔や悲しいことなど、完全に忘れ去ることができない。

形や姿あるものは、それを目の前から始末すればなんとなく片が付いて忘れることができますが、心に抱えた恨みつらみ、悲しみなどは、姿形が見えない分、自分の心の中を出たり入ったりするので厄介です。

後悔の思いは、年を重ねるごと、不幸な境遇にあればあるほど、身体が暇になればなるほど、自分の中でアメーバのように増殖倍増していく。

亡き両親の介護、助けを求めた友人知人など、あのときああすれば、もう少しこうやってあげればよかったなどの痛恨の思いもある。

数えきれないほどの恥ずかしい失敗もある。

しかし。

今思うと不充分ながら、そのときどきで自分ができる精いっぱいのやり方を選んだ。

100%完璧な人間はどこにもいない。

どんな人も失敗や過ちを何度も繰り返しながら、生きている。

年を重ねてなお、過去の自分や他人を非難し、厳しくすることはやめよう。

済んだことは仕方がない。悔やむ心にこだわると前へ進めない。


そう思いながら、自分を許し、励まし、痛恨の念は忘れる。

そして、大きく、ゆっくり深呼吸する。

残された人生に向かって、新たな気持ちを立て直すために。

幸福になるカギは、〝健康と健忘〟なのだから。

ケ・セラ・セラ

生き続ける以上、理不尽なことを言われ傷ついたり、他人や家族の心ない言葉で腹が立ったりすることがあります。

自分以外の人間とかかわる以上、こうした大小のトラブルは避けられない。

だから、イヤなことがあったら、とにかくすぐ忘れることを心がける。

ストレスを溜めると、世の中がすべて絶望的に暗くなり、老人性うつ病の原因にもなりかねない。

長引く怒りや落ち込みは、心を消耗させるのです。

怒ってばかりいると、眉間《みけん》にシワが刻まれ、目がつりあがった〝イジワル顔〟が定着する。

若いときは、すぐカッカするのが生きるエネルギーになり、人によっては「かわいい」と思われるが、老人の〝瞬間湯沸かし器〟の怒りは、自分にも他人にもやさしくなれず、〝性格ブス〟と思われ、嫌われる。

高齢になればなるほど、怒りの感情は、他人へはもちろん、自分の心と身体にいい影響を与えない。

〝落ち込み、怒ったら、歌おう。どうしようもないときは、言葉で表そう〟。

むかし、何かの本で読んで、メモしています。

そうです、その通り。

小さな怒りや落ち込みの場合、大きく深呼吸したり、身体を動かしたり、それだけでもリセット効果はあるが、〝イヤな感情〟が身体にこびりついてしまったら、これからの残り少ない人生に悪影響を与えそうな気がする。

そこで、マイナスの感情を言葉にし、書き出してみる。

実際に言葉にしてみると、ほとんどのことはくだらないことだとわかる。

「こんなことにいつまでもこだわっているなんて最低！　残り少ない貴重な人生、実にもったいない！」

いつのまにか、心が軽くなり、「ケ・セラ・セラ♪　なるようになる……」と明るくさわやかに大声で歌いたくなる。

この図太さこそ、若者が負けそうな高齢者の年の功なのです。

〝いい塩梅《あんばい》〟の関係

食べ物と同じように、人との関係にも〝賞味期限〟がある。

竹馬の友や学生時代の親友など、長い年月が経ち、環境やライフスタイルが変化すればなんとなくその関係が疎遠になっていく。

以前は〝仲間意識〟で頻繁に会ってお茶を楽しんでいたのに、転居や家族の変化、病気や事故、失業などによってお互いの人生や経済力に段差や格差ができると、どちらともなくこれまでのような親しい気持ちが薄れてくるものです。

この世の人間関係は、悲しいもので、〝友情意識〟と〝競争意識〟が同居しているらしい。

かなり親密で意思疎通ができた時期があったとしても、時が過ぎるとともに、人も環境も変化し、友情も恋愛も永遠には続かない。

つまり、人との関係も〝賞味期限〟があるのです。

老いて、急激にその行動や考え方に変化がみられる人との関係は、相手がその気にならなければ急にキッパリやめるわけにはいかないので、つき合い方を少し変えるしかない。

年を重ねての交友関係には、程よい距離関係が必要かもしれない。

中国の思想家、荘子《そうし》の「君子の交わりは淡きこと、水のごとし」のような水のようにサラッとした交わり、日本料理でいう〝いい塩梅〟の関係。

さて、これから新しく出会い、つき合う人々はみな〝いい塩梅〟の塩加減で行きたいものです。

人そのものにも〝賞味期限〟があるようだ。

最近定年を迎えたばかりの60代の知人は、飛び込みの若い営業マンが持参した不動産案内ちらしを「誤字脱字が多い！」と添削し手渡したところ、その若者に「わが社で決められたチラシの文句なンですけど……」と言われ、「最近の若者は文章の書き方もわかってない！」と怒っている。

これまでの自分の知識や経験を正しいと信じ、無関係な他人にあれこれ主張し強要する。

他人から見ればその存在がとっくに〝賞味期限〟が終わっているにもかかわらず、それに気づいていない。

私は、〝この爺さん、上司でもないのに……〟と思ったかもしれないそのときの若い営業マンの困惑した様子を想像しながら、老人のやる気のエネルギーの矛先をどこに持っていくか、これからの高齢社会の課題でもあるような気がし、思わず苦笑してしまった。

自分の力で「変えられるもの」と「変えられないもの」

自力本願をモットーとする私だが、世の中には自分の力ではどうすることもできないことが多々ある。

自分の力で変えられるものは、〝自分の行動や考え方〟。

これらは本人の心がけ、訓練しだいで良い方向に変えられる。

反対に、〝他人〟と〝自分の過去〟はどんなに努力しても変えられない。

だから、今さら過去を思いだし、クヨクヨしても仕方がないので、潔《いさぎよ》く忘れる努力をする。

むしろこれからのことを考え、未来志向に生きる。

他人に対しても、「もっとこうしてほしい」、「どうしていつもそうなの」とやきもきイライラしてもムダ。

自力ではどうしようもないことにエネルギーを注がず、自力で何とかなることだけに集中する方が平和な老後人生を送れるのです。

人生は、〝理解しあえる人〟ばかりではなく、むしろ多くの〝わけのわからない人〟が集まっている。

職場の人間関係や家庭でのパートナーもしかり。

たまに、「わかり合えないと思っていた人と心が通じた！」と喜ぶ瞬間はあっても、ほとんどは、どんなに努力を重ねても「かみ合わない」「心が通じない」ことばかり。

だからこそ、人生は摩訶不思議、面白いのかもしれない。

この年になると、だれとでも、それが夫でも、わかり合う必要はまったくないと考えた方が平和に過ごせることもある。

育った環境の違い、夫は中小企業経営者の家庭、私は平凡なサラリーマン家庭、考え方のクセ、相性、男と女など、わかり合える方がむしろ奇跡に近い。

アメリカの心理学者のジョン・グレイも言っている。

「女は金星から、男は火星からやってきた」

あまり理不尽なことをいう人に対しては心の中で〝この人は宇宙人〟。そんなふうに考えると、人に対しては昔より寛容になれる。

先日、夫に対してあることで（あとで考えたら、たわいもないこと）、あまりにもその一方的な私への偏見が頭にカチンときたので、（この年になっても修行が足らず怒り心頭に発することもある）、「お互い、ボタンの掛け違いが多い！」と叫んだら、「ボタンがかかるだけまだマシ！」と言い返されてしまった。

〝完璧〟を目指さない

実は、〝暮らしのことは何でも知っているらしい〟生活評論家という肩書に申し訳ないが、私はかなり雑でそそっかしい性格。

カシミアのセーターを洗濯機に入れ、そのまま乾燥機にかけて小さく縮めてしまったり、本を読みながらの〝ながら料理〟の結果、本の内容に気を取られ、煮物の砂糖と塩を入れ間違えたり。

このような暮らしの中での笑える失敗をするたび、「パーフェクトはあり得ない」と自分で自分を慰めています。


〝失敗は、成功の母〟と言うではありませんか。

ということで、私生活での失敗は、家事や暮らしの本に紹介したり、講演で話したりして、「同じことを……わたしも」と皆さんの笑いや同情、元気を引き出すことで何かのお役に立てればと思っている。

もちろん、自分への戒めと反省の軽い気持ちも込めて。

少々の失敗は誰にでもある、しかし、必ず何かの役に立つ。

人生に、まして家事や仕事に〝完璧〟はあり得ないと思っている。

だから、いつも落ち込むことも少なく、前向きになれるのです。


完璧を目指さないので、〝そこそこ〟でよしとするので仕事が早く片付く。

また、すべてを完璧にこなそうとは、間違っても思わないので、楽な気持ちで仕事や家事に取り掛かれる。

さらに、ある程度の完成度で「やった！」と思えば、自己満足と達成感が得られます。

完璧を目指さなくても、それ相応にやれる自分の存在がそこにあるだけで十分。

小さな達成感の積み重ねが、自信につながり、日々の充実した暮らしとなるのですから。

さて。

〝そこそこ〟のそうじ・家事のわが家、誰が見ても「さすが、完璧にきれい！」に見えるから不思議です。

ちょっとだけ、ていねいに暮らす

「これって、峠の釜めしの釜ですか？」

わが家を手伝ってくれているNさんと、私が作った五目釜飯を食べていたときのこと。数年前、彼女が「おみやげ」に買ってきた峠の釜めし、その空いた釜を使って五目釜飯をよく作る。

少人数にはちょうどいい大きさ、しかも簡単に上手に炊けるので今でも重宝している。ヒビが入れば、牛乳を入れて5～6分沸騰させれば、すぐ直せる。

いつのまにか、簡単で心も身体も温まる料理の友になって、手放せない。

他にも取っ手のとれたジノリのコーヒーカップ、お皿を添えて一輪挿しに再利用し、居間の棚の上に飾って楽しんでいる。

他人や私が不用意に落として欠けた陶器の人形はボンドでていねいにくっつける。数えたらきりがないくらい、暮らしの中では、気に入ったものは大切に何度も手入れや修理をしながら使っている。

もったいないという気持ちもあるが、むしろ手入れをしたり直したりしながら、知恵をあれこれ出し、使い続けるていねいな暮らしに小さな楽しみを見つけているのです。

どんな小さなことでも、あえてていねいに心を込めてやってみる。ていねいにものを扱えば、それがほんのわずかな〝モノやコト〟でも、小さな達成感が生まれ、心がなんとなく和らぎ、気持ちもほっこり癒される。

お土産の峠の釜めし。美味しく食べた後、空いた釜をそのまま捨てる気持ちになれず、今度は便利な釜めし用の卓上調理器具に使う。

壊れたら直しつつ、大切に使っているうち、何とも言えない愛着が生まれ、さらに、心も炊き立ての釜飯のようにふんわりと温かくなる。

こんな些細《ささい》な知恵を使う習慣が、私にとっての〝ていねいに暮らす〟こと。

この感覚の積み重ねの毎日が、まるで宝石以上の輝きとなり、自分への最高の贈り物になっているような気がします。

ギブ&ギブ

どんな人も、生まれてから多くの誰かの世話になって今日まで来たのです。

いろいろな人から教育、食事、仕事、遊びなどあらゆることをテイクしながら、大人に成長していく。

年を重ねるということは、これまでの恩恵を受けたこと（テイク）を今度はお返しする（ギブ）立場になることなのです。

給料をもらって「ありがとうございます」と感謝する人は少ないし、むしろ「もっと欲しい」と不平たらたらの人の方が多い。

わが社でも、たまに「お給料をありがとうございました」とわざわざ感謝の気持ちを表す人がいる。

そんなとき、うれしい反面、〝十分でなくてごめんなさい〟と心から申し訳ない気持ちになり、彼女には何かの形で感謝のお返しをしたくなります。

人をよろこばせると、その何倍ものよろこびを受け取ることがある。

人のよろこぶ顔をみて、人は心が満たされるのです。


人は〝してあげ合う〟ことで、より幸せを感じるもの。

してあげ合うは〝為し合う〟ことで、それが〝しあわせ〟の語源になったらしい。

若いときには知らずに通り過ぎたが、今年を重ねて初めて気がついたこと。

それは、〝人はだれでも他人を幸せにできる能力を持っている〟。

自分のために部屋に花を飾るのもプレゼントを買うのもいいが、たまには周りの人にプレゼントをしてみる。

肉親や他人の笑顔が、きっと自分を幸せな気持ちにしてくれるはず。

受け取るよりも、与えることの方がはるかにうれしい……から。


世のため、人のため、ギブ&ギブの気持ちで〝無料奉仕〟する気持ちに、老後の生きがいを見つけるのも悪くないと思いませんか。

やる気を起こす

むかし、社会人になりたての頃、「かな〜しくて、かなしィくて、とて〜もや〜りきれない……♪」と、そんな歌がよくラジオから流れていた。

学校を卒業し、憧れの空の仕事に就き、田舎の両親の干渉から解放され、毎日が自由で希望に燃えたブリリアントの日々を送っていた頃。

「どうして、悲しいのか」「こんなに空は青くてきれいなのに……」と、汗水たらして一心不乱に働けば、〝さみしい、むなしい〟悩みは解消されるような気がした。

今思えば、単純で無知、世間知らずの青い若さだけをまとった青春の日々。


あれから半世紀近くが過ぎ、その間に多くの〝さみしさ〟や〝悲しさ〟、そして〝むなしさ〟を経験してきた。

人はみんな、失恋や失業、別れ、理不尽で思うようにならない世間、生きる希望がない人生などに出会う。

そんなとき、道端の雑草にも青い空にも〝むなしさ〟や〝失望〟、そして言うに言えない〝悲しさ〟を感じる。

若者の〝失望〟には、その気になれば何度でもやり直せる明るい未来が待っているが、高齢者のそれには、人生の辛苦の数と経験が〝やる気〟を阻害し、生きるのもやっと、希望のない限られた未来だけが待っている。

高齢者のほとんどは、そのような〝ウツのような気分〟になることがある。

それでも、人は最後まで元気に生き続けなくてはいけない。

人の気分にはムラがある。雨や嵐によって心が暗くなることもある。

いつもやる気満々というわけにはいかない。

とくに気力体力が衰え始めると、やる気がなくなる。

仕事でも家事でも「どんなことでもこなそう」と元気にイケイケどんどんの気持ちになることもあるが、「駅まで歩くのもめんどう」なんて日もある。

そんなときは思いきり、自分の心と身体を遊ばせ休憩させることがいちばん。

ただ、休息の時間がだらだらと長く続かないように、と自分に言い聞かせる。

やる気が起こらないとき、小さなこと、たとえば5分だけ掃除機を動かしてみる。

床の掃除機かけは体力が要るので、少し汗ばむ。

また、キッチンの鍋を磨き、テーブルの上を拭く、冷蔵庫の中の食品を整理する。

簡単な野菜たっぷりの煮物をつくり、美味しく食べる。

このような単純な肉体労働は、やる気がなくなり眠っていた心と身体に活力を与え、もう一度元気にしてくれることがあります。

やる気をなくしたら、どんなことでも、小さな課題を見つけ行動に移す。

そうじなら、5分以内の1カ所集中が効果的。

家の近所を軽く歩くのもいい。

やる気が起こらない、とデレンと自分を甘やかさないこと、とにかく身体を使って〝やってみること〟が元気を引きだす秘訣です。

怒りを感じたら、まず息を吸う

真面目であればあるほど、他人に対して「もっとこうしてほしい」「どうしていつもこうなのか」と不満を感じてしまうもの。

仕事に一途、何事もカッーと情熱と怒りに燃えたかつての短気な自分を思いだすと、その若いエネルギーに懐かしさをおぼえるものの、その頃の自分の未熟さに赤面してしまう。

怒りを感じたときこそ、冷静に、冷静に。

でないと、一瞬の怒りに我を忘れ、声を荒らげたり、心ない言葉を口にしてしまうことがあるから。

相手によっては、せっかくの信頼関係が、あっと言う間に壊れてしまうことにもなりかねない。

言葉は人の表。矢と同じで放たれた瞬間、思いとは別の人格で独り歩きし、相手の心にグサッと突き刺さって取り返しがつかなくなる。

自分を含め、周りの高齢者を見ても、長く生きた分、気が長く、心も丸いとは限らない。

生まれ持った性格は、その気にならないと治らないのです。

人生も後半になって、新しい敵を作ったり、後悔の念に悩まされないよう心穏やかに暮らしたい。

短気な老人と思われないためにも、自分なりの怒りのおさめ方をトレーニングすることは必要です。


私の場合、怒りを感じたら、「怒りを一瞬こらえれば、百日の後悔をせずにすむ」と念仏のように唱えてみる。

そして、声を出す前に、大きく息を吸う。

これはパートナーに怒りを感じたときに大きな効果がある。

ほんの一瞬、一呼吸置くだけでも客観的で冷静になれるし、勢い込んでわけもわからぬ言葉を吐き散らすこともない。
相手に圧迫感も与えず、沈着冷静に対等に向き合える。

人生の〝終着駅〟が近い高齢者は、もうこれ以上、我を忘れてあらぬことを口走って後悔したくないのです。

照る日、曇る日、どんなときも淡々と……

人生は成功と失敗の連続です。
人はそれを経験できても、結果まではコントロールできない。
そのときどきの環境やタイミング、あるいは人間関係などに左右される。
人によっては〝運が悪かった〟と嘆く。
たとえ、その結果がよかろうが、悪かろうが、むやみに舞い上がったり、やたらと悲しがったりしないことにしている。

ふだんからできること、それはその一瞬にベストを尽くすだけ。

うまく行ったときに嬉しがり過ぎると、自分を過信し足元をすくわれることがあり、その成功をさせてくれた周りへの感謝を忘れてしまう。

うまくいったときこそ、冷静に落ち着くことが大切です。


失敗に終わってしまったときに、悲観的になりすぎると、単にタイミングが悪かっただけなのに、必要以上にこれまでの自信や再チャレンジする気力を失ってしまい、前に進めない。

上手くいかなかったときこそ、楽天的になる。

うまくいったときは「よかった！」と単純に喜び、失敗したときは、その敗因を冷静に考えてみる。

二度と同じ間違いを起こさないための反省は必要で、それが経験となり次の成功へのパスポートとなる。

29年の事業の経験はいろいろなことを教えてくれた。

時代の波に翻弄《ほんろう》され、会社もつぶれ家族も財産もすべてなくしてしまった経営者も数多く見てきた。

これらの経験と歳月が、〝照る日、曇る日、淡々と〟生きるわが人生哲学を教えてくれたような気がする。


うまく行っても無理せず、冷静になる。

銀行や人におだてられ勧められても言われるままその通りには踊らない。

そのせいか、わが社はいつまでも小粒だが、個人にも会社にも借金はない。

だから、大きさを競わず、「自力でよくやった！〝最高のサクセス〟」と慰め励ましている。

高齢者には、たまにはこういう手前勝手な自己満足も幸せの日々のために必要かもしれません。

成功の陰の苦労

世にいう成功者の話を聞いたり、読んだりするたび、いつも考える。

成功への道のりの裏の苦労は大変だったでしょう、と。

アメリカの作家マルコム・グラッドウエルによると、人が成功するには、才能だけではなく、〝1万時間の特訓〟が必要だとか。

つまり、並外れた努力をしなければ、どんなに素晴らしい才能に恵まれても成功の栄冠は頭上に輝かないらしい。

成功の基準も内容も人によってさまざま。

オリンピックで金メダルを取る、起業家が会社を大きくする、ノーベル賞級の発見をする、何千メートル級の未踏の山に登るとか、いろいろある。

大きな成功も小さな成功も、自分のため、そして世のため人のためになればいい。

この年になっても、ときどき自分のこれまでの人生が「今ひとつ納得がいかない」と思うことがある。

そんなとき、こう考えるようにしています。

私の現在の現実の生活、これは、努力をしなかったわけではなく、その場その時期に、自分のできる最大の努力をしてきた姿、だからこれでいいのではないか、と。


熱しやすく冷めやすい自分の性格では、1万時間の特訓はむずかしい。

1万時間の特訓の裏には、かなりの犠牲や失ったものがあるに違いない。

大きな喜びと同時に大きな悲しみや寂しさも味わったことでしょう。


大いなる犠牲や損失は自分の性に合わない。

ほどほどの今のような人生で十分な気がする。

これからも、無理せず、何事もまずその100分の一の努力をしてみよう。

そんな気持ちになって自分を慰め、過去を納得させ、未来へとつなげていくのもいいかな。

5

限りある人生を謳歌《おうか》するために

――自らの「からだ」と向き合う

人は何歳になっても、心が豊かに充実していれば、若い輝きを保てると信じています。

〝健康と人生〟をあきらめてしまったとき、老いが忍び寄る。体力は相応に衰えても、気力が充実すれば、毎日を明るく、元気で、前向きに楽しく過ごせる。息切れしない程度にマイペースでゆっくり走り続ければいいのです。

身体を動かす

いつまでも元気で健康に過ごしたい。だれもが願います。

たしかに、〝病は気から、脚から〟、と言われれば、まず健康のために散歩で足腰を鍛えるのがいちばん。

散歩は、お金や時間、場所を選ばず気軽にできます。

ただし強い意志と目的がなければ続かないことが多い。

私も散歩をよくしますが、〝健康のため〟というより、季節を感じながら外の空気を浴びるのが好きだから。

歩きながら、いろいろと考え事をしていると、ときにはハッといい知恵が浮かぶことがある。

散歩の成果として、身体を動かし、脳や足を鍛えることができるなら最高です。

古代ギリシアの哲学者たちは、歩きながら思索し、ときには激論を交わしたという。今に残る哲学の大理論は、散歩の途中でひらめいたのでしょうか。

馬や輿《こし》に乗らず、自分の足で大地を踏みしめ歩いたからこそ脳細胞を刺激し今に残る斬新《ざんしん》な〝哲学理論〟の数々が生まれたのかもしれません。

現代人には、散歩以外に暮らしのあちこちに身体を動かす機会は転がっています。

街で、ふと階段にするかエレベーターにするか迷うときがありませんか。

ある調査では、95％以上の人が迷わずにエレベーターやエスカレーターを使うといいます。

私は、ややもすれば心身の〝疲れ〟や〝怠けグセ〟を感じ、その95％の仲間に入りそうになりますが、「足腰の健康のため」、なるべく階段を使うことにしています。

階段を使うと、カロリーを消費し、足腰の筋肉を使い、心拍数が増える、つまり健康的な運動をしていることになる。

ただし、階段をたまに使っただけでは効果はなく、いつも階段を選び続ける習慣が将来の健康生活につながっていくらしい。

やはり、何事も継続は命なりけり……ですね。

ジムで身体を鍛えるのもいいですが、行かなくても意識的に身体を動かす機会は日常生活の中に探せばいろいろとあります。

歯を磨きながら、手足の屈伸、メイクや新聞を読みながら片足で交互に立つ。窓ガラスを磨きながら両腕のストレッチ。

買い物袋は必ず両手にぶら下げ、上下に動かす。などなど。

最近は好きな散歩をしながら、文豪ゲーテのマネをし、草花の種を途中の草の茂みに蒔《ま》いていいます。

来年どんな花が咲くか、今からとてもたのしみです。

家事は手放さない

プロと呼ばれながら、そうじは好きではないが上手。

そうじも含め家事すべてにひと手間かけることを〝得意なゲーム〟のように思っています。

これからは少しのお金と健康がいのちと信じているので、ジムに通い、散歩もするが、家の中ではできるだけマメに動くようにしている。

忙しいときは、人手を借りることもあるが、ちょっとした日々の家事は健康のため自分でする。

激しい運動をしなくても、日々のちょっとした家事労働は、筋肉を強め、骨を強くするらしい。

さらに、家事にひと手間かける知恵は、脳を刺激し、ボケ防止にもなりそう。

お茶を飲む。お湯を沸かし、湯呑や急須を温め、茶葉を入れ……。

その日の気分で濃いお茶を飲みたいと思えば、茶葉の量を調節したりなどの工夫や知恵もあります。

お茶うけに甘い物はなかったか、と棚の中を探せば、忘れていたいただきものの虎屋の羊羹《ようかん》を発見することもある。

飲んだ後はそれを片付け、洗う作業が待っている。

たった一杯のお茶を飲むだけでも立ったり、移動したり、座ったりの労働がついてくる。

かがんでものを探せば、腰や足の自然のストレッチにもなる。

「どこにあったかしら」と記憶をたどりながらものを探すと、脳を刺激し、頭の体操にもなる。


秋になると毎朝、わが家の玄関先の落ち葉を掃く。

手に持ったほうきを大きく動かしながら、誰かが捨てたたばこの吸い殻に「不届きもの！」と腹を立て、ややもすれば「面倒！」に思いがちなこの家事労働に「自分の健康の秘訣！」と慰め、気合を入れる。

すべて他人に家事を任せれば、その分ラクになりそうですが、家での運動量がかなり少なくなります。

できる家事を意識し身体を動かせば、いつのまにか自然と健康生活につながっていくのです。

ひと手間かける

今日食べたもの、今、口にしたものが、明日の自分の細胞の何兆個を作る。だから、できるだけ食生活には気を配って生活している。

高カロリーや高塩分になったりするインスタント食品はできるだけ避け、仕事関係以外の外食は、週1回程度に決めています。

ビタミンやミネラルが不足すると、免疫力が低下し、風邪をひきやすくなったり、肌荒れや肩こり、とくに高齢者は、骨《こつ》粗《そ》鬆症《そうしょう》になりやすい。

知人の90歳の母上が、元気がないので病院に連れて行ったところ、「肉や魚を食べなさい」と医者に言われた。

お年寄りには野菜がいいからと、肉や魚を避けていたらしい。

肉料理を増やしたところ、みるみる元気を取り戻したという。

高齢者も適度な動物性たんぱく質は生きるエネルギーになるのです。

食生活は、身体だけではなく、心にも大いに影響する。

栄養のバランスを考え、できるだけ〝ひと手間〟をかけ手作りすることは心にも身体にも必要なのです。

よほどのことがないかぎり、最低1日20分は、料理の時間に当てるようにしている。

忙しくて、デパ地下で買った惣菜でも、かならず冷蔵庫のありあわせの野菜を加え、ひと工夫した〝手作り風〟に見せたりする。自分のためにひと手間かける努力を惜しまない。

少しでも自分のために何かをやっている、その意識こそ若さを保つ元気の秘訣かもしれません。

朝の目覚めを意識する

どんなふうに1日を始めるかで、その日がどのような日になるかが決まる。

朝目覚めたら、気持ちを高め、やる気を引き出してくれるような生活の習慣はいい人生の結果を導き出してくれるそうです。

前述しましたが、私は毎朝、目が覚めたらまずそのまま大きく手足を伸ばし、「ありがとう」と叫びます。

無事目が覚めて「ありがとう」、今日1日を過ごせるチャンスを与えてくれて「ありがとう」と感謝し、自己暗示をかけることから私の1日は始まるのです。

起き上がったらすぐ窓を開け、両手を上げ大きく背伸びをしながら深呼吸をし、体内の酸素を入れ替える。もちろん、部屋にも新鮮な空気を入れる。ヨガ流にいえば、古いエネルギーを体内から吐きだし、新しいエネルギーを体内に呼び戻す。身体と心に、そして部屋にも健康的な儀式。
天気が良い日は、ドアも窓も外出するまで全開にしておく。

ドイツに住んでいたとき、冬の寒い気温がマイナスの日でも必ず一度は窓を開け空気を入れ替えるドイツ人の習慣には戸惑いを感じたが、慣れると新鮮な空気は部屋も人も汚れた空気から解放され、気分転換になることを知った。

部屋も身体も新鮮な空気をいっぱい吸って、「今日も1日良い日にしよう」と自己暗示をかける。

朝いちばんに今日の予定を大切なことから順に頭に描く。
〝うれしいこと〟、〝気乗りしない嫌なこと〟もあるが、どんな予定にもそれなりの意味があると自分に言い聞かせる。

大切な1日の始まりは、いいイメージからスタートしたいので、心から元気を出して前向きになれるよう自分を励ます。

この〝朝の儀式〟のおかげで、気乗りしない予定もすんなりと受け入れられ、いつも喜びとやる気に満ちた1日のスタートが切れるような気がします。

朝の目覚めをどのような〝ゴールデンタイム〟にするかは人それぞれ。

無理をせず、自分に合ったやり方で継続できるものを見つけ、それを習慣にしてしまうのがいちばんです。

自分にぴったりの靴を見つける！

ドイツ人は〝靴を見て、その人の品定めをする〟という。

靴を見ればその人の暮らしぶりがわかるというわけ。

ドイツには、〝薬局へ行くより、靴屋へ行きなさい〟という諺《ことわざ》もあり、足に合った靴は、健康生活にも欠かせないのです。

そういえば、合わない靴を履き続けると、足が変形したり、腰痛や体調不良の原因にもなります。

だから、ドイツ人は靴を大切に扱う。足によくなじんだ上等な靴を選び、手入れをしながら長く大切に履くのです。

私はセールで履きやすい靴を見つけたら、必ず2足購入し、交互に履く。

3センチくらいのヒールの高さは、パンツに合わせれば足がきれいに細く見える。

それ以上の高さの靴は、歩きにくく、足がどっと疲れて家事や仕事への気力がなくなるので避ける。

革靴は呼吸する。

1日履いたら、必ず2日以上は休ませることにしています。

この知恵を知っているのと知らないとでは、靴の寿命に倍以上の差が出ます。

もちろん、同じ靴を何日も履き続けると、靴のためにも、大切な足のためにもよくない。

靴を買うときは必ず足が膨れている夕方に、履いてから少し店内を歩き回ること。

ついでながら、木の家具は雨の日に買う。これは湿気を含んで膨らんだ木の引き出しがスムーズに開けられれば、晴れの日は、もちろん、もっとラクだから。


ついでに、歩き疲れた足には、足湯がいい。

バスタブにひざ下くらいの熱めのお湯を張り、20分くらい足だけをつける。気に入ったハーブやレモン汁を垂らすと、全身がポカポカし、足だけではなく身体全体の疲れも取れます。

自分の時間

若い頃は仕事が面白く、休日なんていらないとさえ思ったことがあります。

仕事が自分磨きになったようで、朝早くから夜遅くまで、平日も休日も関係なく飛びまわっていた。

何かに夢中になってフルパワーで活動していたあの頃のエネルギッシュな自分、懐かしくうらやましく思いだされる。

今考えると、あんなフル回転な生き方は、若いからこそ、未熟さゆえにできたのでしょう。

これからは、適度な〝息継ぎ〟をしながら、残された人生を軽やかに歩き続けたい。

仕事も暮らしも少しずつ上手に〝わり算〟しながら生きて行けば、気力も失せず、ストレスもなく心と身体も元気にやっていける。

〝わり算〟した分、時間ができるので、〝自分を大切にするひとりの時間〟を持つことができる。

私は必ず週2～3回、ジムで30分のクロストレーニング（ゆっくりと歩く）と筋トレをすることに決めている。ときどき気が向けばプールで泳ぐこともある。

将来〝毎日が日曜日〟になり、時間が有り余ってもこの習慣は続けるつもり。

時間にゆとりができれば、これまで休日にやっていたことも平日にやれる。

365日、土曜日曜に関係なく自分のための何かを計画できるのです。

これまで時間が取れず、休日にしかやれなかった細かい手作業や料理。最近は、平日の夜10分くらい、夕食後、好きな音楽を聴きながら〝ていねいに〟レース編みや手編みをする。手を動かすので、寝る前の軽い運動になる。目が疲れるので、10分程度を目安としている。

手の込んだお菓子づくりや時間のかかる煮込み料理は、曜日を決め、2時間くらい音楽を聴きながら、読書をしながら〝夢中になる〟。

年を重ねても、何かに〝夢中になること〟と〝ていねいな手仕事〟は豊かに暮らしているという実感と脳の活性化につながり、元気のもとになりそうです。

自分を見つめるため、あえて何もしないで過ごす日も作る。

〝何もしない〟ことも、大切な目的になる。

目的もなく毎日をダラダラと過ごさないよう、なんでもいい、目的を作る暮らしのメリハリは、自分に刺激の〝カツ〟を入れるために必要。

ぼんやりと、行きたいどこかに夢を走らせたり、ただ椅子に座って音楽を聴いたり、小説を読んだりすることもある。

このように、心と身体をあえて遊ばせることは、明日の活力のために必要なこと。時間を自分にプレゼントする気持ちで自分を遊ばせる。

ダラダラと何かをやるより、何もしないでボーッとした時間を過ごした後は、「さて、何かしなくては」という気持ちになるから不思議です。

ぐっすりと幸せな眠りを

「悪い奴ほどよく眠る」

古い映画のタイトルですが、悪人でも善人でも、十分な睡眠は健康生活に欠かせません。

私は、できるだけ最低7時間以上の睡眠をとるようにしています。

朝の早い森の家で過ごすときは、午後9時就寝、早朝5時起床ですから、なんと8時間は睡眠をとることになる。

人はだれでも〝体内時計〟を備えていて、血圧や体温、ホルモンなどを調整しているという。

私の場合、睡眠不足が続くと、〝体内時計〟のバランスが狂うらしく、集中力がなくなり、頭がボーッとして日々の仕事や家事の能率もかなり落ち、心身に疲れが溜まり、肌の調子も悪くなる。


充実した良い人生を送るには、まずは良い睡眠を十分とること。

この7時間以上の睡眠が、私の毎日の快適な生活のテンポや暮らしのリズムを支えてくれている。十分な睡眠こそ、バランスのとれた人生には欠かせない。

だから、自分に投資するつもりで睡眠時間を優先的に確保しているのです。


眠りの量と同時に質も大切だと思っています。

ぐっすり眠れて、翌朝すっきり目覚められるには、夕食は少なめがいい。8時までに軽めの夕食を済ませるが、消化に時間のかかる炭水化物はできるだけ避け、消化の良いものを少量食べます。

枕もとには、ミネラルウオーターのペットボトルを置き、寝る前や目覚めたときに2口程度飲む。

子どもの頃の寒い冬。火鉢にかけたやかんから出る蒸気の適度な湿り気が心地いい眠りを誘い、のどをやさしく湿らせるので風邪予防にもなった。

幸せな夢を見るため、清潔なシーツは欠かせない。

私は白い清潔なシーツにこだわるので、ホテルのように毎日というわけにはいきませんが、週に3回は取り換えます。

アイロンをかける暇も気力もないので、干すときにピシッとシワを伸ばしておくだけで、アイロンかけという作業を〝わり算〟してしまう。

雨の日や時間がないとき、乾燥機を使うが、洗濯後一度しっかりシワを伸ばすしておく早く乾いて仕上がりもきれい。

素材はコットンかタオル地。夏はさっぱりするコットン、寒い冬は暖かいタオル地と、季節によって使い分けすると心地よく眠れます。

ある小説で、森に住む老婦人が、洗ったばかりの白いシーツをラベンダー畑に広げて干していた。

ハーブの中でもラベンダーの香りは、心地いい眠りを誘う薬効効果もあります。

「いいなあ……」

ドイツの魔女の家事を思いだし、さっそく森の家の庭に小さなラベンダー畑をつくり、数カ月後、洗いたての湿ったシーツをラベンダーの上に大きく広げ、魔女の気分に酔いしれていたら……。

乾いたシーツは、なんと、ラベンダーのいい香りとともに真っ黒な山土のおまけまでついて。

急に、夢からさめ、現実に引き戻されてしまったのです。

ときには食べ過ぎを許す

最近の健康データでは、女性はふっくら小太りの方が長生きするらしい。

でも、いくつになっても、もう少し痩《や》せたい、すっきりスリムできれいになりたいと願い続けるのが女心というもの。

モデルほどガリガリの小枝のようにならなくていいが、お腹まわりの〝余分な贅肉〟は落とした方が何を着ても着映えがする。

数年前、私は1年かけ、8キロ痩せた。

若いときは、〝オリーブ〟のあだ名通り、痩せてほっそりしていた体型が、中高年になってさらに仕事が忙しくなり、身体にも食事にも無関心に過ごしているうちに、いつのまにか（！）激太り。オバサン街道まっしぐら。

ラクに着れた38号（9号）サイズのパンツもパンパンにきつくなり、ムリしてはけば、〝三段バラ〟がくっきり。

「これはいけない！」

ある日鏡に映る自分の無残な姿にビックリ仰天し、「ならば」と一念発起、スリムになるべく、自己流にダイエットすることにしたのです。

痩せるために特別なことはせず、規則正しい食事と運動だけ。間食と炭水化物を減らし、夜八時以降は水以外何もとらない。

少しずつ時間をかけて自分の食生活を変えていったのです。


毎朝、体重計を測る。これは今でも続く大切な自分の健康管理の儀式。

毎日の身体の定量感がわかるので、前日食べ過ぎて1キロ増加すれば、必ず1日かけて元に戻すことを心がける。

つまり、汚れたら（体重が増えたら）、すぐきれいにする（すぐ減らす）。

部屋をいつもきれいに保つためのそうじルールと同じ。

旬の野菜や果物は十分とるようにする。

旬の野菜は安くて美味しい、しかも栄養価も高い。

生のまま食べられる果物は、ビタミン、ミネラル、カルシウムなどが多く、ドイツ人のようにりんごやキウイなどはなるべく皮ごと食べる。


若い頃に比べ、重ねた年とともに、夫も私も食べる量は少しずつ少なくなってきました。

朝は一緒、昼はそれぞれ外で好きなものを、夕食は軽く、寝る前2時間にはすませてしまう。

夕食の炭水化物はほとんどとらない。

まだそれぞれ仕事を持っているので、お互いその日のランチに何を食べたかを会話のネタにし、ボケ防止のための脳の活性化と乏しい夫婦の会話を補う。


朝起きてすぐ、ミネラルウオーターをゴクゴク飲む。

食事の前、お腹が空いたとき。いつでも飲めるよう身近に置いている。

たっぷり水分をとる習慣は、高齢者の心筋梗塞などを防ぐ効果もありそう。

週2~3回ジムへ出かけ、筋トレをし、歩いたり泳いだりして汗を流す。

1年かけ、8キロ減量した今、好きなものは何でも食べることにしています。好き嫌いなくバランスよくなんでも食べるし、好きなステーキやお寿司も体重を気にせず食べる。

ただお寿司は「ご飯を少な目に」注文するし、ステーキは必ず野菜から食べ、油分の少ないヒレなどを選ぶ。

普段から体重の〝定量化〟を意識する生活習慣は、少々食べ過ぎてもすぐまた簡単に元通りにもどすことができるので安心です。

いつもきれいに片付いた部屋が、一瞬汚れ散らかっても、すぐ簡単に元通りきれいになるように。

物忘れは気にしない？

デパ地下で生ジュースを飲もうとしたときのこと。

手軽で自然志向のジューススタンドは人気があるらしく、私の前に70歳くらいの女性の客が「氷を入れて！」と大声でミックスジュースを注文していた。

手渡されたジュースをゴクンとひと口飲むと、女性は「氷を入れないでと言ったのに……」と若い女店員に向かって文句を言い、若い女店員が「すみません」と平身低頭に謝ると、「しょうがないわねえ」と飲みかけのジュースが入ったコップを片手に立ち去った。

あの老婦人は、たしかに「氷を入れて！」とはっきり口にしたはず。

私が、「あなたの間違いではない。私もはっきり聞いたから」と、その若い店員に慰めの声をかけたら、「最近あいうお年寄りが多いンです……」とケロッとしている。

たぶん、その若い店員は、高齢者の〝思い違い〟や〝言い違い〟には慣れっこになっているのだろう。

見渡せば、たしかに新宿のデパートも、最近は高齢者が、外国人観光客同様、急に増えた気がする。

外国人は別にして、高齢者の今言ったばかりのことを忘れる〝瞬間性健忘症〟もデパート中に蔓延《まんえん》しているのかもしれない。

老人の物忘れが多いのは、人の能力の衰えのように思うことがあるが、実は忘れることでさらに新しい記憶を貯めるための準備だという。

だから、無理に覚えたり、思いだそうとせず、忘れてもいいらしい。


そうは言われても、私はそのまま本当のボケ症状につながると困るので、「今朝何を食べたかな」と数時間前の記憶を必死にたどることがある。

専門家によると、人は20分後に約40％、1時間後には約60％、1日経てば約70％以上忘れるそうです。


「なるほど……そうか」

少しは安心するが、〝デパ地下事件〟のあの老婦人のような〝1分前の忘却〟はさて、どうしたものか。

ひょっとすると、言ったことをすぐ忘れ、違うことを言い張るのは、老人の元気印の源になっているかもしれない。

かといっても、やはり脳は、日ごろから鍛えるにこしたことはない。

脳の中で記憶をつかさどる〝海馬《かいば》〟という組織は磨き鍛えれば、いくつになっても成長することは科学的に証明されている。

表面的な肌の美しさは、シミやしわとなって時間とともに衰えるが、磨き続けた脳は、いくつになっても若くて美しい輝きを放ち続ける。

だから、最近、自分の発言や行為を忘れることがないよう、繰り返し声に出し、シカと脳に刻み込むことにしています

おばあちゃんの知恵

世の中、すべての老人が博学物知りで、豊かな生活の知恵を持っているとはかぎらない。

単なる加齢による人生の成熟はありえず、日々の生活の知識や習慣を積み重ねてきたからこそ生活を豊かにする知恵が生まれるのです。

ドイツにも日本にもおばあちゃんの知恵があり、生活を豊かにするための基本的な生活術には共通点も多い。

便利な道具や機械が、人が考えることを阻害し、むしろ日々の暮らしを複雑に困難にしていることさえある。

私の場合、若い頃から〝おばあちゃんの知恵〟に興味を持ち、それらを生活のいろいろな場面で使ってきたことが、今とても役に立っている。

節電やエコ、さらに〝おもてなし〟とあらためて強調しなくても、古今東西の〝おばあちゃんの知恵〟こそが、つましいが豊かな暮らしそのものなのです。

昨年の夏、テレビのニュース番組では連日の猛暑による熱中症警報を流し、〝水分をとる〟、〝十分な睡眠をとる〟、〝帽子や日傘を身につける〟、また〝クーラーをこまめに使う〟ことなどを伝えていた。

残念ながら、便利で簡単に使える暑さ対策の〝おばあちゃんの知恵〟はニュースにはならないらしい。

日本の高温多湿の夏を涼しくする方法は、江戸時代から伝わる庶民の知恵も多くあるのに。

暑い日の夕方、玄関先や庭に打ち水をすれば、水が水蒸気に変わるときに熱を奪うので、周りの空気が冷えて涼しくなる。

外から帰ったら、深めの洗面器に水を張り、そこに足をつけるだけでも、足の血管から血液の温度が下がり、身体全体が涼しくなる。

暑いからと、クーラーだけに頼り、終日窓を閉め切った状態は、部屋にも身体にも悪い。

朝晩、必ず窓を開け、換気扇を回し、部屋と身体の空気を入れ替えることは、健康生活には欠かせない。

昔から庶民に伝わる理にかなった〝おばあちゃんの知恵〟は、知ると知らないとではずいぶん暮らしの豊かさに差が出るような気がします。

冬に、「風邪かな」と思えば、いきなり風邪薬ではなく、熱いしょうが湯を飲んでぐっすり睡眠をとる方法での自然治癒は、心も満足し、身体にも無理なく自然。だから、寒い冬は、忘れず土しょうがの買い置きをしておく。

新しい靴を履くときは、靴擦れをしそうなところに固形石鹸を塗っておくと靴擦れの予防になる。靴だけではなく、靴下やストッキングにも固形石鹸をつけておけば安心で効果的。

ちなみにもらっても使うことが少ない化粧石鹸は、靴擦れ予防に使うほか、タンスの引き出しや靴箱に入れて虫よけ芳香剤としても便利で重宝する。

日々幸せに暮らすため、お金をかけずに知恵を使う。

身近にある〝おばあちゃんの知恵〟の数々。

暮らしに役立つのはもちろん、工夫する楽しさを発見し、さらに身近なものをていねいに使う大切さをあらためて思い出させてくれるはずです。

エピローグ

子どもの頃は、「もういくつ寝ると……」と、指折り数えてもなかなか来なかったお正月や夏休み。

首を長くしてやっときた夏休みなのに、いざ始まるとたった1カ月余りの日々がときには長すぎて時間を持て余し、こんどは「早く学校が始まればいい」とさえ思ったことを思いだします。

ところが、今は……。

年を重ねるほど、時の流れが早く感じられるようで、「あっという間に月日が経つ」とため息交じりに嘆くことが多くなりました。

これは、今も昔も時間の長さは変わらないし、地球が速く回り出したわけでもないのに、生きた人生の長さに比べ、今の時間が短く感じられるからだそうです。

それに、長く生きるとそのぶん多くを経験し、脳が慣れ、感動することや楽しいことが少なくなり、決まった時間を短く感じるのかもしれません。

同じことを毎回感動し喜んでいたら、脳が疲れ切ってしまう。

もともと人の脳は、忘れたり、飽きたりするようにできているらしい。

ならば、脳が慣れて飽きないように、自分で新しいことを始めたり、発想の転換を図ったりすることは、これからますます大切になってきます。

あるものを当たり前と思わず、大切にし、感謝の気持ちを持つ。

これだけでも、その気になれば、今からでもすぐできる大きな発想の転換です。

「幸せだなあ……」と感じても、時間が経つと、脳がすぐにその幸せの感度に慣れてしまう。

だから、いつも新しい〝幸せを感じる〟心を持つ。

なんでもないありきたりの日々の中に、感動するもの、愛するもの、美しいもの、感謝するものを見つけ、心をドキドキワクワク躍らせる。

〝幸せの感度〟を、昨日より今日、明日へといつも高めながら生きていく。

年を重ねてこそ、暮らしを上手に〝わり算〟し、知識でなく知恵を豊かに〝かけ算〟

しながら活かす。
そんな毎日を過ごせば、短くも長くも感じる暇がないほど人生が充実し豊かに輝くことでしょう。

お世話になったすべての人々に、心から感謝を。

2016年　夏

沖　幸子

一〇〇字書評

切り取り線

購買動機（新聞、雑誌名を記入するか、あるいは○をつけてください）	
□（　　　　　　　　　　　）の広告を見て	
□（　　　　　　　　　　　）の書評を見て	
□ 知人のすすめで	□ タイトルに惹かれて
□ カバーがよかったから	□ 内容が面白そうだから
□ 好きな作家だから	□ 好きな分野の本だから

●最近、最も感銘を受けた作品名をお書きください

●あなたのお好きな作家名をお書きください

●その他、ご要望がありましたらお書きください

住所	〒				
氏名		職業		年齢	
新刊情報等のパソコンメール配信を 希望する・しない	Eメール	※携帯には配信できません			

あなたにお願い

この本の感想を、編集部までお寄せいただけたらありがたく存じます。今後の企画の参考にさせていただきます。Eメールでも結構です。

いただいた「一〇〇字書評」は、新聞・雑誌等に紹介させていただくことがあります。その場合はお礼として特製図書カードを差し上げます。

前ページの原稿用紙に書評をお書きの上、切り取り、左記までお送り下さい。宛先の住所は不要です。

なお、ご記入いただいたお名前、ご住所等は、書評紹介の事前了解、謝礼のお届けのためだけに利用し、そのほかの目的のために利用することはありません。

〒一〇一－八七〇一
祥伝社黄金文庫編集長　岡部康彦
☎〇三（三二六五）二〇八四
ohgon@shodensha.co.jp

祥伝社ホームページの「ブックレビュー」からも、書けるようになりました。
http://www.shodensha.co.jp/bookreview/

祥伝社黄金文庫

50過《す》ぎたら家事《かじ》はわり算《ざん》、知恵《ちえ》はかけ算《ざん》
美《うつく》しく生《い》きるための人生《じんせい》のかくし味《あじ》

平成28年7月20日　初版第1刷発行

著　者　沖《おき》　幸子《さちこ》

発行者　辻 浩明

発行所　祥伝社《しょうでんしゃ》

〒101－8701
東京都千代田区神田神保町3－3
電話　03（3265）2084（編集部）
電話　03（3265）2081（販売部）
電話　03（3265）3622（業務部）
http://www.shodensha.co.jp/

印刷所　堀内印刷

製本所　ナショナル製本

　ISBN978-4-396-31696-9 C0195

祥伝社黄金文庫

佐藤絵子　フランス人の贅沢《ぜいたく》な節約生活

いま〈あるもの〉だけでこんなにもエレガントに、幸せに暮らせる！　パリジェンヌの「素敵生活」のすすめ。

佐藤絵子　フランス人の手づくり恋愛生活

愛にルールなんてない。でも、世界に一つの〈オリジナル・ラブ〉はこんなにある！

佐藤絵子　フランス人の気持ちいい美容生活

わざわざ高級コスメを買わなくても、素敵なアイデアがこんなに！「素敵生活」のすすめ・第三弾。

佐藤絵子　フランス人の心地よいインテリア生活

実は狭いほうが、お金もかからず、楽しい。〈大きな深呼吸〉をさせてくれる部屋づくりをフランス人に学ぶ。

杉浦さやか　よくばりな毎日

『シティリビング』の人気連載が、本になりました！　杉浦さやか流・毎日を楽しむヒントがいっぱいの一冊。

杉浦さやか　ひっこしました

荷づくり・家具探し・庭仕事・収納……筆者の「ひっこし」レポート。書下ろし「再びひっこしました」も収録！

祥伝社黄金文庫

曽野綾子
完本 戒老録《かいろうろく》
この長寿社会で老年が守るべき一切を自己に問いかけ、すべての世代に提言する。晩年への心の指針。

曽野綾子
運命をたのしむ
すべてを受け入れ、少し諦め、思い詰めずに、見る角度を変える……生きていることがうれしくなる一冊!

曽野綾子
〈敬友録〉「いい人」をやめると楽になる
縛《しば》られない、失望しない、傷つかない、重荷にならない、疲れない〈つきあいかた〉。「いい人」をやめる知恵。

曽野綾子
〈安心録〉「ほどほど」の効用
失敗してもいい、言い訳してもいい、さぼってもいい、ベストでなくてもいい――息切れしない〈つきあい方〉。

曽野綾子
〈幸福録〉ないものを数えず、あるものを数えて生きていく
「数え忘れている〝幸福〟はないですか?」――幸せの道探しは、誰にでもできる。人生を豊かにする言葉たち。

曽野綾子
〈救心録〉善人は、なぜまわりの人を不幸にするのか
たしかにあの人は「いい人」なんだけど……。善意の人たちとの疲れない〈つきあい方〉。

祥伝社黄金文庫

沖　幸子　50過ぎたら、ものは引き算、心は足し算

「きれいなおばあちゃん」になるために。今から知っておきたい、体力と時間をかけない暮らしのコツ。

沖　幸子　50過ぎたら見つけたい人生の〝落としどころ〟

無理しない家事、人付き合い、時間使い……。年を重ねたからこそわかる、そこそこ〝満足〟な生き方のヒント。

川口葉子　京都カフェ散歩

とびっきり魅力的なカフェが多い京都。豊富なフォト&エッセイでご案内します。

川口葉子　東京カフェ散歩

カフェは、東京の街角を照らす街灯。人々の日常を支える場所。街歩きという観光の拠点。エリア別マップつき。

カワムラタマミ　からだはみんな知っている

10円玉1枚分の軽い「圧」で自然治癒力が動き出す！　本当の自分に戻るためのあたたかなヒント集。

金子由紀子　40歳からのシンプルな暮らし「これから」をラクに生きる自分整理術

スッキリ！　だけど贅沢なのはなぜ？　いらないモノがなくなったら、お部屋も心も晴れました。